PENDEL-PRAXIS

Seele und Geist – Charakter und Anlagen

von

A. Frank Glahn

Band IV (von VI)

Die Pendellehre von A. Frank Glahn in 6 Bänden

Portrait und Signatur von A. Frank Glahn um 1933
aus "Die Begriffene Astrologie", Uranus-Verlag, Memmingen, 1933.

Weitere Bücher aus dem Bohmeier Verlag (www.magick-pur.de):

Der Gebrauch des Pendels (Band I), *von A. Frank Glahn,* ISBN 978-3-89094-671-9

Metall, Mineral und Pflanze (Band II) *von A. Frank Glahn,* ISBN 978-3-89094-672-6

Natürliche Kräfte in Strahlungen (Band III) *von A. Frank Glahn,* ISBN 978-3-89094-673-3

Seele und Geist – Charakter und Anlagen (Band IV) *von A. Frank Glahn,* ISBN 978-3-89094-674-0

Der Körper, Krankheit und Heilmittel (Band V) *von A. Frank Glahn,* ISBN 978-3-89094-675-7

Magie der Symbole – Der spirituelle Pendel – Radio des Geistes (Band VI) *von A. Frank Glahn,* ISBN 978-3-89094-676-4

Das deutsche Tarotbuch *von A. Frank Glahn,* ISBN 978-3-89094-452-4

Die Pendel-Diagnose - Ein Verfahren zur Feststellung der inneren Krankheiten des Menschen *von Dr. med. E. Clasen,* ISBN 978-3-89094-527-9

Liebes- und Krankheitsamulette - Talisman Turc, Ursprung und Wesen Magischer Quadrate *von Ferdinand Maack,* ISBN 978-3-89094-612-2

Die Magie des Raumes und der Zahl, Die heilige Mathesis *von Ferdinand Maack,* ISBN 978-3-89094-614-6

Goethe als Okkultist *von Prof. Max Seiling,* ISBN 978-3-89094-566-8

Friedrich, Heinrich, August Glahn (* 18.01.1865 in Linden, Hannover; † 06.02.1941 in Hollenstedt), zunächst Theosoph, später Freimaurer. Er war einer der bekanntesten deutschen Astrologen in der ersten Hälfte des 20. Jahrhunderts. Er publizierte als okkulter Schriftsteller zahlreiche Werke über Astrologie (entwickelte die nach ihm benannte *Glahn-Methode* der Horoskopdeutung), Kabbala, Runen, Pendeln und Tarot (zu diesem Buch verfasste er auch ein Kartendeck, *Das deutsche Tarot-Buch* auf kabbalistisch-astrologischer Grundlage). Am 15.02.1916 erschoss seine Frau vier der gemeinsamen Kinder und kam danach in eine Irrenanstalt. Dies führte letztlich auch Glahn in eine schwere persönliche Krise. Bekannt wurde er durch *Uranus* (Glahns astrologischer Volkskalender), und seine Arbeiten zur Radiästhesie, sowie durch seine 6-bändige *Pendel-Bücherei.* Sein Tarot-Buch wurde, wie einige andere seiner Bücher, in der NS-Zeit verboten und vernichtet. Andere Werke scheinen ab 1933 eine Hinwendung zur NS-Regierung zu zeigen (wobei seine persönliche Intention unklar bleibt.). Wir konnten trotz ausführlicher Recherche keinen Rechteinhaber ausmachen. Sollte es dennoch Rechteinhaber geben, bitten wir um Nachricht.

ISBN 978-3-89094-674-0

Inhaltsverzeichnis

Hinweis des Verlages: Wir weisen darauf hin, dass das Auspendeln von Krankheiten, Beschwerden und Heilungsmethoden nur von einem geübten Pendler ausgeführt werden sollte. Zudem sollten Sie unbedingt den ärztlichen Rat suchen (auch um Ihre Ergebnisse zu verifizieren)! Der Bohmeier Verlag ist frei von jeden Ansprüchen bezüglich des Gebrauchs oder Missbrauchs der in diesem Buch gegebenen Hinweise.
Die Schreibweise der Erstausgabe wurde beim Neusatz beibehalten. Dies umfasst auch verschiedene Schreibweisen, die heutzutage nicht mehr üblich sind. Frank Glahn verwendet den Begriff „*der* Pendel" obwohl dies heute als falsch anzusehen ist. Üblicherweise sagen wir heute „*das* Pendel". Wir haben hier aber dem Original aus stilistischen Gründen den Vorzug gegeben zumal dies ausdrücklicher Wunsch von Frank Glahn war. Ein anderes Beispiel ist die Verwendung von „Chakras" oder „Chakren". Korrekturen auf inhaltliche Fehler wurden vorgenommen, jedoch ohne den Charakter der Erstausgabe zu verfälschen oder den Text inhaltlich zu ändern. Alle Anmerkungen und Erläuterungen und Ergänzungen des Verlages sind mit einem Kürzel versehen (rs.) oder (D. V.). Alle anderen Fußnoten waren schon im Original vorhanden und wurden natürlich übernommen (*kursiv*). Wir wünschen Ihnen viel Erfolg bei Ihren Pendel-Arbeiten!

Polarisation

Wie im 1. Band durch eine doppelseitige Abbildung angegeben, ist die Polarisation bei Mann und Frau entgegengesetzt. Diese Angabe soll ergänzt werden. Jeder Mensch hat eine doppelte Polarisation. Als menschlicher Körper ist bei beiden dieselbe Polarisation vorhanden, nämlich die des Mannes. Der lebende Körper hat jedoch eine durch das Geschlecht angewiesene andere Polarität, die stärker ist und beim unbefangenen Pendeln immer hervortritt. Diese Triebseelenpolarisation ist die im 1. Band „Der Gebrauch des Pendels" abgebildete.[1]

Würden diese Geschlechtspolarisationsunterschiede fehlen, dann würden Mann und Frau sich gegenseitig körperlich abstoßen! Hört die geschlechtliche Anziehungskraft auf oder fehlt diese gegenüber einer Person, so kommt die abstoßende Polarität des Körpers allein zur Geltung, diese duldet keine enge körperliche Berührung. Bei Verstorbenen muss sie demnach fehlen, da pendeln Mann und Frau gleich, soweit ich Gelegenheit hatte, es zu erproben.

Bei Lebenden kann die Probe leicht gemacht werden. Der Pendler verlange den Körper allein und er erhält bei beiden Geschlechtern dieselbe Pendelrichtung. Dann verlangt er die Geschlechtslinien, dann ändert sich beim Mann nichts, jedoch bei der Frau. Diese schlägt jetzt umgekehrt, und wenn daher Mann und Frau nebeneinander gehen, so steht dem positiven Pol des Mannes der negative der Frau gegenüber, wenn die Frau an der linken Seite des Mannes geht, andernfalls umgekehrt, wenn die Frau an der rechten Seite geht, wie es bei uns üblich ist. Daraus folgt weiter, dass der Mann mit dem rechten Arm die Geliebte an sich drückt.

Die genaue Entsprechung der Planeteneinflüsse auf die Hände soll durch einen weiteren Beweis erhärtet werden. Es handelt sich um Mars, der im I., IV., VII., X. Haus des Horoskops stehend, die Polarität umkehrt. Ist das I. Haus entsprechend der rechten Körperseite, so das VII. Haus für die linke. Wie bei den Abbildungen der Hände im 1. Band gezeigt wurde, pendelt die rechte Seite des Körpers und jedes einzelnen Organs, jedes einzelnen Fingers und so auch der Hand umgekehrt der linken. Jetzt versuche man: An der Stelle des Handrückens, wo der Marsberg liegt, verkehrt sich die Polarität und damit die Drehrichtung des Pendels ebenfalls! Demnach die genaue Entsprechung von Mars im VII. Haus.

Der Pendler muss das wissen, sonst erhält er falsche Drehrichtungen, wenn er den Handrücken abpendeln will und dabei unwissend den Pendel neben den Marsberg hält, der ziemlich die Mitte des Handrückens einnimmt.

---

[1] Anmerkung vom Verlag: Wir haben hier die Bilder eingefügt; vgl. Cover-Abbildung.

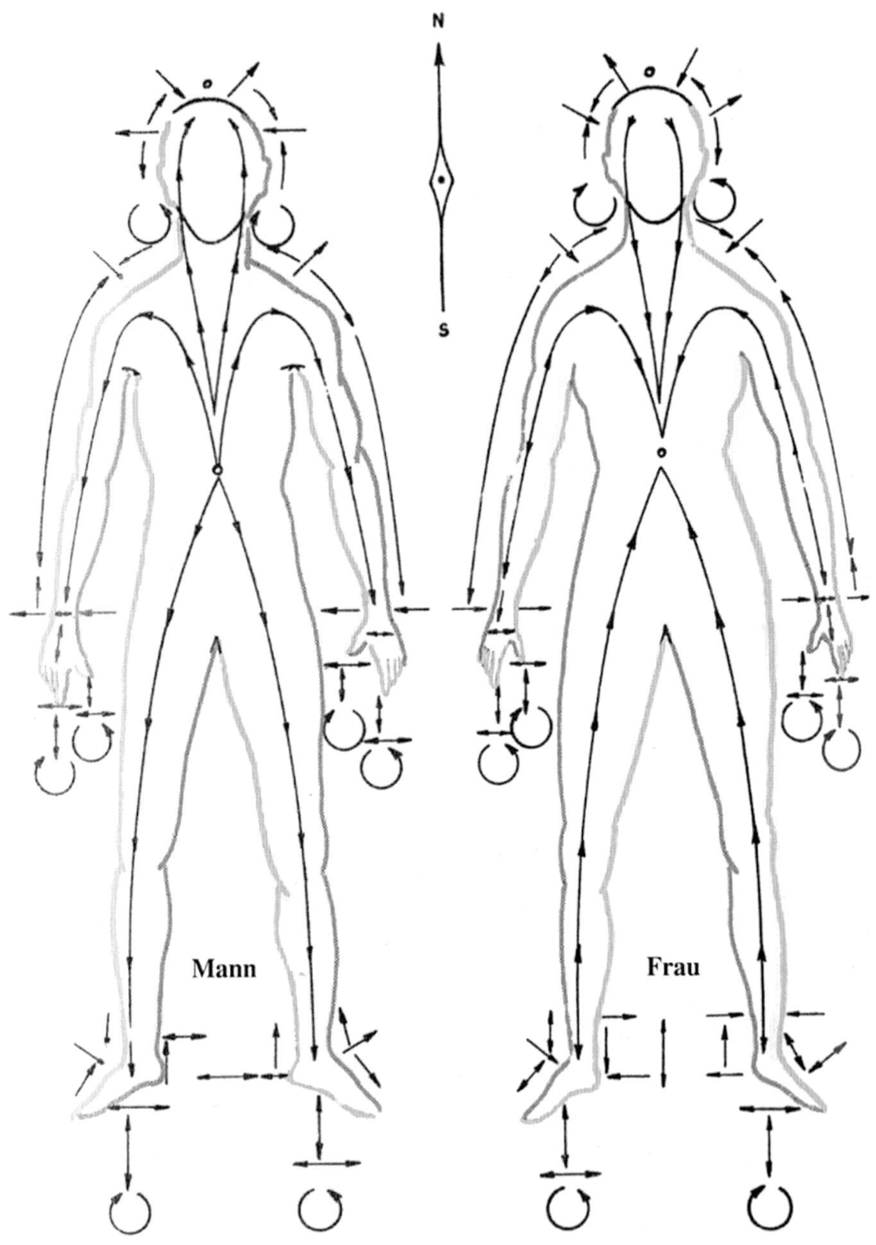
N
S
Mann
Frau

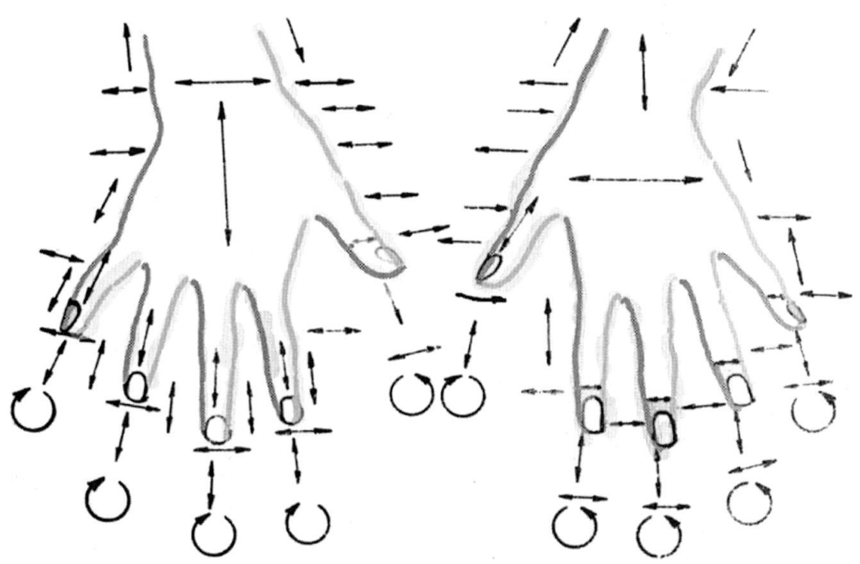

männliche Hände (oben) und weibliche Hände (unten)

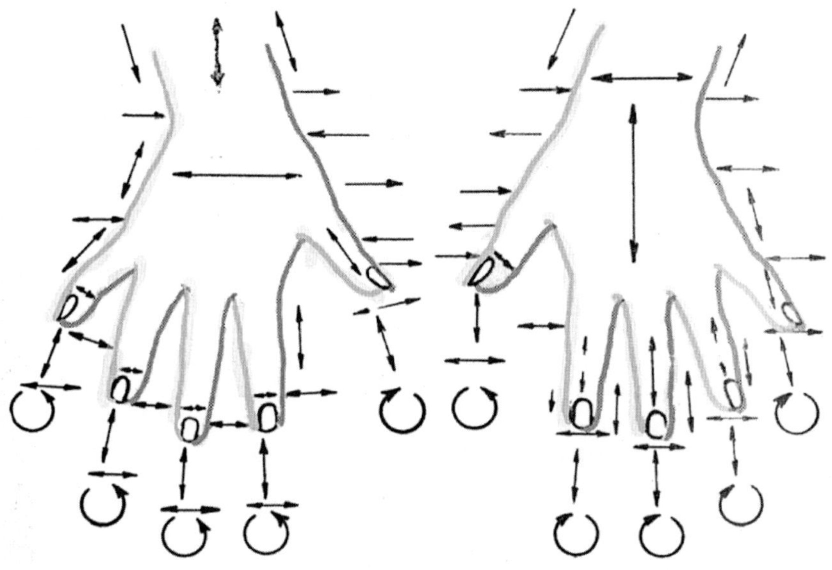

Positiv – Negativ

Meistens falsch beurteilt! Positiv ist die starke schnelle Wirkung, negativ ist die stärkere langsame Wirkung.
Positiv erstrebt und erreicht schnelle Wirkungen, die immer in der Folge nachteilig sind, Negativ arbeitet auf lange Sicht und gewinnt zuletzt immer den Erfolg.
Der positive Strom drängt zum negativen, der zieht den positiven Strom an sich und darin vergeht dieser.
Im Geschlechtlichen: Der positive Mann wird von der negativen Frau angezogen und befruchtet diese, er selbst verliert die Partie.
Was ist Liebreiz? Negativ-geschlechtliche Ausstrahlung der Frau. Das kleine noch unreife Mädchen strahlt Reiz der Schönheit aus, der Lieblichkeit, noch nicht den *Lieb*reiz, denn Liebreiz ist Empfangsbereitschaft, Geschlechtsreife.
Der gebereife Mann strahlt positive Geschlechtskraft aus, er wird besiegt vom Liebreiz.
Der Allopath behandelt positiv und verliert, der Homöopath behandelt negativ und gewinnt. Vergleichsweise ein rücksichtsloser Eroberer und die „auf lange Sicht" arbeitende Kirche. Deren Dogmen mögen noch so unsinnig und unlogisch sein, sie dringt damit durch, weil das Volk, auf das die Kirche mit der Absicht der Überwältigung einwirkt, sich im positiven Tun vorausgabt.
Wenn ein Volk negativ wird, verliert es die herrschende Macht, aber es regeneriert sich und tritt eines Tages wieder als positive Kraft in Erscheinung und besiegt die älteren positiven Völker.
Was oft als Charakterstärke angesehen wird, ist in Wahrheit eine Charakterschwäche, der restlos nachgegeben wird. Eine Schwäche, die an begehrende Energien geknüpft ist, also ein Scheinbild von Plus-Strahlung. Negation ist an sich keine Schwäche, sondern auch Kraft! Die langsam wirkende fruchtbringende Kraftform.

Positiv = Sonnenkraft.
Negativ = Mondkraft.

Die Sonne ist die Kraftquelle, der Mond der Kraftverwalter, Austeiler.
Negativ ist das Leben, ist das Od Reichenbachs[2]. Negativ ist Bewegung, Leichtigkeit, Flüchtigkeit, das geistige Prinzip.
Positiv, das ist Wandeln, Ruhe, das Schwere, Unbewegliche, stoffgebundene Prinzip. Die rechte Seite des Menschen ist negativ, die linke positiv.
Deshalb arbeiten wir mit der rechten Hand und führen mit ihr die Frau. Deshalb gilt bei der Charakterbeurteilung der Gesichtsform die linke Hälfte für das Irdische und Stoffliche und deshalb ist diese bei den meisten Menschen in der Masse stärker und in der Furchung ausgeprägt, weshalb wiederum der Maler und Licht-

---

[2] Freiherr Dr. Karl Ludwig von Reichenbach war Chemiker und Industrieller und lebte von 1788–1844. Bekannt wurde er durch seine „Odisch-magnetischen Briefe". (rs)

bildner die linke Seite bevorzugt. Hingegen ist die rechte Gesichtshälfte die Trägerin der Linien, die auf Vergeistigung deuten, bei den meisten Menschen unausgesprochen, unwichtig. Das geht bis in die feinsten Einzelheiten! Die Züge um den Mund sagen bereits viel, wenn nicht alles. Ein vergeistigter Mensch kann die Mundwinkel nicht gleichmäßig herunterziehen und damit Gesten machen, die zu ihm nicht passen. Das linke Auge kann nur aufleuchten und blitzen bei irdischen und seelischen Erregungen, nur das rechte kann Feuer der Begeisterung flammen.
Die rechte Seite wird stets der höher gestellten und geehrten Person eingeräumt.
Die Strahlen der Sonne sind positiv-negativ. Der Pendler soll sich daher bei der Arbeit der Sonne zuwenden. Das ist richtig, soweit andere positive Strahlungen nicht die Sonnenstrahlen überwältigen, was wir mit dem Pendel erkennen können, wie im 3. Band gelehrt worden ist.
Die Sonne ist Lebenskraft. Und was normal veranlagt ist, gehorcht der Drehrichtung von links nach rechts, von Osten über Westen und Norden nach Ost zurück. Das erklärt auch die Wirkung von Mars im Eckhaus, er polarisiert die betroffene Person um, sie ist positiv, wo sie negativ sein sollte und so zerstört sie alles, was mit ihrem Körper in innige Verbindung kommt, falls diese nicht nach links drehend polarisiert ist, unbewusst und dennoch wirksam.
Die Pendelbewegung von links nach rechts finden wir auch im ganzen Pflanzenreich. Goethe hat es zuerst beobachtet und in seiner Morphologie der Pflanzen mitgeteilt. Darüber mehr im 2. Band „Metall, Mineral und Pflanze“.
Bei dem Pendelbild von Lebewesen erkennen wir den senkrechten Strich als die stehende Achse der Persönlichkeit. Vom Kopf herab ist immer die Mittelachse in der Mitte des Körpers oder Gliedes, immer ist die rechte Seite negativ, die linke positiv. Die Mittellinie pendelt stets senkrecht. Wenn daher der Pendel, wie im Band 1 gelehrt, auf den Mittelfinger gehängt wird, ist er neutral aufgehängt, weder positiv, wie bisher gelehrt wurde, noch negativ, was nie empfohlen wurde.
Das gibt uns die Erklärung für die Linie des Ego, der bewussten Persönlichkeit.
Bei diesem Pendelbild wird immer erst die negative Seite vom Pendel untersucht, die sich drucktechnisch auf der linken Seite der Karte befindet. Erst der Geist, dann das Ich, dann die Seele. Erst die rechte Körperseite, dann die linke.
Jedes Doppelorgan wird einzeln gependelt, erst die rechte, dann die linke Lunge, Niere und Ovarium[3].
Es ist durchaus nötig, sich mit diesen Verhältnissen sehr vertraut zu machen, ohne sie wird keine Meisterschaft im Pendeln und in der Deutung erlangt.
Die Überlegung führt schnell dahin, auch das ganze Wirken und Denken eines Menschen vom Gesichtspunkt der Polarität aus zu beurteilen. Positiv ist ein Verhalten, das nur den gegenwärtigen Vorteil sucht, ohne die Nachwirkung, die Zukunft, zu berücksichtigen. Wer nur den Wald abschlägt, ohne zu pflanzen, wer seine Grundsätze nur für sich allein gelten lassen will, wer „den Ast absägt, auf

[3] Ovarium ist der lateinische Ausdruck für die Eierstöcke der Frau. (rs)

dem er sitzt“: Jedermann nennt das im ersten Augenblick wenig schmeichlerisch verrückt und dumm. Aber vielleicht handelt er selbst danach.

Wer nun in diesem Sinn die Geschichte der Vergangenheit und Gegenwart durchdenkt, wird zur Überzeugung kommen, dass die positiven Gewaltmenschen die Verbreiter und Erhalter des Unheils sind. Die Bezeichnung „ein positiver Mensch“ ist daher alles andere als eine Schmeichelei. Die schärfste Ausdrucksformel für deren Denken lautet: Ich verlange nach euren Gesetzen behandelt zu werden und behandele euch nach meinen Gesetzen. Solche Gewaltmenschen sollten wegen der Erhaltung des Guten und der Menschheit abgesondert werden[4], am besten bringt man sie abgeschlossen von der guten Menschheit zusammen, damit sie sich unter sich selbst auffressen.

Der vernünftige Rechtsstandpunkt muss lauten: Ich richte dich nach deinen eigenen Gesetzen, denn jeder Verbrecher hat die Gesetze der anderen gebrochen und kann diese für sich nicht mehr als gültig beanspruchen. Offensichtlich hat das allgemeine Recht versagt, da Unzählige ihren Beruf darin sehen, durch die Maschen dieser Gesetze zu schlüpfen. Also ihr Gesetz lautet: Umgehe die Gesetze der anderen. Es sind nur wenige Gesetze erforderlich, wenn der Rechtsgrundsatz gilt: Jeder wird gerichtet nach seinen eigenen, durch das Handeln bekundeten Grundgesetzen. Das wäre die erhaltende negative Rechtspflege.

Gegen einen solchen Gesetzesvorschlag werden sich sehr große Volksmassen wenden, nämlich alle, die positive Ausbeutungsbestrebungen pflegen und zu ihren Nutzen erhalten sehen wollen.

Da Weisheit negativ ist, wird sie natürlich nicht aufgenommen.

Natürlich zeigt der Pendel solche Menschen an, bei ihnen wird die Linie des Ego hinaufgetrieben und die Linien des reinen Gemütes verkümmern zu wenig mehr als Nichts und das heben sie für ihre Kinder auf, nicht für die Mitmenschen.

Der Mensch ist nicht die Einheit, als welche er sich dem anderen zeigt, dem Nichtwissenden erscheint, er ist eine Zusammenfügung verschiedener Einheiten, die keineswegs immer miteinander in guter Übereinstimmung sind. Fast bei jedem Menschen fällt ein Bestandteil aus dem Rahmen des Ganzen, sei es durch Mangel, sei es durch Stärke. Gerade diese Unstimmigkeiten unterscheiden die Personen voneinander. Und die Aufgabe des Pendlers besteht darin, sie aufzuspüren.

Das bedingt eine genaue Kenntnis aller Einheiten im Menschen, von denen jede strahlt und den Pendel in bestimmte Ausschläge zwingt. Das Pendelstudium verlangt bei jeder Aufgabe Kenntnisse, die entweder bereits vorhanden sind oder nun beschafft werden müssen. Ohne diese sind die verschiedenen Einheiten im Menschen weder auszuscheiden noch zu untersuchen. Wie der Arzt den Körper genau kennen muss, wenn er ihn untersucht, so muss auch der Pendler genau kennen, was er prüfen will.

---

[4] Im Original: „beseitigt“. (rs) – Anmerk.: Das Buch wurde vor d. 2. Weltkrieg geschrieben!

Im Anfang der Pendelkunst begnügte man sich mit einigen Feststellungen, die heute kaum noch verlangt werden, weil sie bloß das Vorhandensein der Ausstrahlungen nachwiesen, die heute nur noch sehr Bildungsfähigen zu beweisen sind. Jede neue Möglichkeit zur Auspendelung von Dingen und Eigenschaften bedingt das Vorhandensein neuer Kenntnisse und ich warne sehr eindringlich vor Untersuchungen, die über die eigene Kraft gehen. Die seitdem veröffentlichte Literatur zwingt zur Warnung und Vorsicht, der Pendel ist segensreich in der Hand des Wissenden und Könnenden, er ist täuschend und irreführend in der Hand des Unkundigen und leider stürzen sich diese zuerst auf die Öffentlichkeit und den Jahrmarkt, um Geld zu machen. Sie haben ja meist Nichts zu verlieren, vielleicht nicht einmal einen guten Namen, während die Möglichkeit des Gewinnes jede Gewissensregung unterdrückt. Die Folge der Pendelbücherei deutet die wachsenden Schwierigkeiten an, jedes folgende Büchlein verlangt ein Mehr an Wissen und, auch das muss gesagt werden, an guten Charaktereigenschaften! Wo wir uns jetzt mit dem Menschen beschäftigen, kommen wir in die Gefahrenzone des Dämonismus. Wie ein Verhängnis überfällt jeden Anfänger die Versuchung, vom reinen Weg der Strahlenforschung abzugehen und sich an die Geister, Dämonen und sonstige trübe Quellen des Okkultismus zu wenden. Was ist mir in Briefen nicht alles berichtet worden! Bei allen vom Weg Abirrenden musste ich die Frage stellen: Welchen Charakter haben diese Leute nur? Sie wollen sich doch auf krummen Wegen und durch fremde Kräfte Vorteile verschaffen!

Darum warne ich noch einmal hier, wo wir beginnen, uns mit dem Menschen zu befassen, sich auf keine Auspendelung einzulassen, wenn die natürlichen Fachkenntnisse fehlen. Wie kann jemand den Körper auspendeln, der von dessen Bau, Organen und Verrichtungen keine oder undeutliche Vorstellung hat! Wie kann jemand die Seele auspendeln wollen, der sie nicht kennt und zu unterscheiden vermag! Ich warne und ermahne zur Vorsicht! Keiner gehe mit seinen Untersuchungen weiter, als seine Fachkenntnisse reichen und vermeide jede phantastische Fragestellung.

Die verschiedenen Teile des Menschen trennen wir als erstes in Körper, Seele und Geist. Es wird zunächst der Körper vorgenommen, dann die Seele und schließlich der Geist. Jedes Mal werden Unterteilungen gezeigt werden, soweit sie mit den bis jetzt vorhandenen Kenntnissen der Pendeluntersuchung unterzogen werden können. Gegenüber den bisherigen Erkenntnissen in der Pendelforschung werden sich erhebliche Erweiterungen ergeben. Wer nun jeweils seine Fachkenntnisse zu erweitern bestrebt ist, wird zu gutem Allgemeinwissen kommen. Die Pendelanweisung bietet das Fachwissen nicht, dafür muss die Sonderliteratur herangezogen werden. Für den Körper also Anatomie, Knochen- und Muskellehre, Nervenlehre, Funktionslehre usw. Der Heilkundige hat dieses Wissen, ohne das er nicht behandeln kann. Der Laie muss es sich erwerben. Er muss genau wissen, wie es im Körper aussieht und wo jedes einzelne Organ seinen Platz hat.

Die Seelenkunde setzt andere Kenntnisse voraus, ohne diese kann keine Pendelung betreffend Seele und Triebleben vorgenommen werden.
Nun sinne man über den Menschen selbst nach, seine Herkunft, seine Entwicklung, seine Kräfte und seine Schwächen, seinen Tod und ... was dann? Über das, was man gut oder böse nennt, woher das stammt und wohin das führt ... Ein Mensch ist kein einfaches und kein doppeltes Tier und nicht einer Pflanze zu vergleichen. Wem das nicht mit allen Folgerungen geläufig ist, soll nur sehr behutsam an die Auspendelung der Seele oder gar des Geistes eines Menschen gehen. Wer jedoch Schritt für Schritt voranstrebt, der wird nicht nur pendeln lernen, sondern auch viele eindringliche Kenntnisse erhalten, die ihm sehr wertvoll erscheinen werden. Nur die Astrologie ist als verwandtes Gebiet ebenso viel bedingend und vielverlangend. Ich bin sogar der ausschweifenden Meinung, dass der vollkommene Pendler auch astrologiekundig sein müsse! Das wird sich weiterhin im Lehrgang noch erweisen.
Ich erwarte jetzt von jedem Lernenden, dass er sich der vollen Tragweite des Unternehmens bewusst ist.

Sensitive Menschen

Alle Pendler sind sensitiv, d. h., deren Nervenströme sind erregter und erregbarer, deren Augennerven sehen mehr als die von Menschen, die nicht sensitiv sind. Die Stärke der Sensitivität ist sehr unterschiedlich. Karl von Reichenbach zählt die folgenden Kennzeichen auf. Je mehr davon beim Menschen vorhanden sind, desto größer ist die Sensitivität. Hierbei sei gleich bemerkt, dass dieser Zustand auf die Gesundheit ohne irgendwelchen Einfluss ist, es können die kräftigsten und widerstandsfähigsten Personen sensitiv sein.

1. Unruhiger, leicht gestörter Schlaf.
2. Abstrampeln der Bettdecke.
3. Vorliebe für leichte Bettbedeckung, Füße gern ohne Zudecke.
4. Man schläft nur auf der rechten Seite liegend! Wegen der gegensätzlichen Polarität zum Untergrund.
5. Man dreht das Gesicht aus dem gleichen Grund der Wand zu. Bedingen die örtlichen Verhältnisse eine Stellung des Bettes, dass die Wand an der linken Seite ist, so ist ein völlig befriedigender Schlaf unmöglich, da helfen auch Gifttabletten nichts. Unsere Ärzte wissen das heute in der Allgemeinheit so wenig, wie vor 75 Jahren, als Karl von Reichenbach das anführte.
6. Unbehagen in der Kirche oder im Theater, wenn sie mit dem Gesicht nach Osten sitzen müssen (vgl. Band III).
7. Unbehagen, wenn man in der Mitte einer Sitzreihe Platz nehmen muss. Man wird immer bestrebt sein, die rechte Seite frei zu haben, am liebsten mit der rechten Seite an einer Wand sitzen. Gilt auch für Fahren in der Eisenbahn! Auch für das Sofa in der Wohnstube.

8. Unbehagen in jeder Menschenansammlung. Unbehagen und zwar deutlich fühlbar, wenn andere Personen hinter einem hergehen oder man hinter anderen hergehen muss. Man wird unwillkürlich ausweichen, sogar auf die andere Straßenseite gehen, um freie Luft zu haben.
9. Unlust zum Reiten, weil gleichnamige Polaritäten zusammenkommen.
10. Man vermeidet Händegeben, kürzt jedenfalls sehr ab.
11. Abneigung gegen den Aufenthalt in engen Gängen, daher untauglich für den Bergbau.
12. Bevorzugung von Holz und Stein an Stelle von Metall. Daher Abneigung gegenüber eisernen Zimmeröfen, eisernen Bettstellen, Metallmöbeln (Die Leute des Dessauer Bauhauses sind demnach nicht sensitiv, sonst würden sie nicht in Metallstühlen einen Fortschritt erblicken.). Abneigung gegen Silber und Kupfer, auch Messing, Blei, Haarnadeln, Spiegel (wegen Quecksilber), Amalgamplomben.
13. Höchste Empfindlichkeit gegenüber Gerüchen. Keine Duldung riechender Blumen im Schlafzimmer, höchste Empfindlichkeit gegenüber körperlichen Ausdünstungen, namentlich gegenüber Schweiß und den Gerüchen der Drüsensekrete wie der Sexualorgane.
14. Vorliebe für Mondlicht, Freude an Spaziergängen beim Vollmond.
15. Neigung für kühleres Klima. Unerträglichkeit von strahlender Ofenwärme.
16. Abneigung gegenüber Tierfetten, außer Butter.
17. Abneigung gegen Süßigkeiten, Vorliebe für Bitteres.
18. Vorliebe für abgekühltes Essen.
19. Unruhe im Allgemeinen, mangelndes Sitzfleisch.
20. Abneigung gegenüber einengender Kleidung, es muss alles lose sein.
21. Tote oder einschlafende Glieder, wie Finger, Beine, Arme.
22. Unbehagen beim Kämmen und Haarmachen.
23. Unbehagen beim Anziehen von Strümpfen, Handschuhen, auch beim Frottieren.
24. Abneigung gegenüber allem Schwankenden und Drehenden. Daher keine Tanzliebhaber. Vermeidung aller Schaukeln und dergleichen.
25. Viel Bewegung und Wechsel in der Berufsarbeit.
26. Empfindlichkeit gegenüber Farben. Vorliebe für kühle Farben.
27. Häufiger Kopfschmerz. Magenbeschwerden.
28. Krankheits- und wetterfühlig! Sie empfinden jede Abweichung vom Gesunden bei anderen Menschen.
29. Schreckhaftigkeit! Platzangst! Neigung zum Reimen und Dichten.

Diese Liste genügt wohl![5]

---

[5] Dieses Buch wurde kurz nach 1930 geschrieben. Karl von Reichenbach hat seine Ausführungen im 19. Jahrhundert gemacht. Heute könnte man die Liste noch um viele Punkte verlängern: Empfindlichkeit gegen Elektrosmog, Computerstrahlung, usw. ...! (rs)

Mitte des vorigen Jahrhunderts entdeckte Karl von Reichenbach das Od, wie er die Ausstrahlungen der Körper nannte. Er wurde verketzert und verhöhnt. Meine Pendelbücher waren bereits zum Teil gedruckt, als ich durch den Roman *„Od"* von *Karl Hans Strobl*, Verlag L. Staackmann in Leipzig, im September 1930 auf die Schriften „Der sensitive Mensch", „Die Dynamide" usw. hingewiesen wurde, die ich vor Jahren, ehe ich mit den Pendelforschungen begonnen hatte, teilweise eingesehen hatte. Bei der jetzigen Durchsicht habe ich gefunden, dass der Pendel alles erkennen lässt, wozu v. Reichenbach Sensitive benötigt hatte! Meine Pendelforschungen haben dieselben Ergebnisse gezeigt, soweit sie bisher betrieben worden sind. Allerdings hat der Pendel keine Augen, er vermag Odlicht und Odrauch nicht zu sehen, aber die Ausstrahlungen zeigt er restlos an. Ich habe aus den Büchern einige Auszüge gemacht, die auf wichtige Beobachtungen zurückgehen, und ich lasse sie hier folgen, um auch zu zeigen, dass unsere Ergebnisse gleich sind.

Da die Reichenbach'schen Schriften wohl nur den wenigsten Lesern der Pendelbücher zugänglich sind, dürfte dieser Auszug einige Aufmerksamkeit verdienen.

Die Ausstrahlungen, Od genannt, tragen verschiedene Bezeichnungen. Der indische Theosoph nennt es Prana, abendländische Forscher Lebenskraft, Archäus, N-Strahlen usw.[6]

Man merke: Ein sensitiver Mensch ist nicht sensibel im Sinne der Medizin!

Ratschläge und Merkmale für Sensitive

- Gleichpolig verbunden verursacht unangenehme Hitze, gegenpolig verbunden wirkt angenehm kühl.
- Die innere Handfläche ist positiv, daher können Sensitive nicht lange die gereichte Hand halten, können nicht gut die Hände falten oder die Handflächen im Gebet zusammenhalten. Hochsensitive werden dabei unwohl bis ohnmächtig.
- Der Pendel zeigt die Polarität jedes Gegenstandes an. Positive Strahlung dreht den Pendel links herum, negative rechts herum. Der Sensitive achtet darauf, immer ungleiche Strahlungen zu vereinen.
- Sensitive Kinder sind schwer zu behandeln, wenn die Veranlagung nicht erkannt wird. Sie sind unruhig in der Reihe der Schulbank, können nicht lange stillsitzen und sind auch beim Essen und Trinken empfindlich. Seekrankheit deutet auf Sensitivität. Schaukeln, Karussells und dergleichen, alles sich Bewegende vor den Augen ist Sensitiven unangenehm. Federbetten sind für diese unerträglich, sie strampeln sie ab.

---

[6] Wird auch als Freie Energie, Chi, Orgon, Äther, Biophotonen-, Nullpunktenergie, Tachyonen-, Vakuum-, Pyramidenenergie oder kosmische Energie bezeichnet. (rs)

- Die Luft ist vor dem Gewitter elektrisch positiv, nach dem Gewitter negativ. Regen ist negativ, Sensitive gehen gern im Regen spazieren. Bei Schneefall werden sie müde und schlafen gut.
- Der Nordwind ist sehr negativ und angenehm, Süd- und Westwind unangenehm, Ostwind meist sehr unangenehm. Nordwind kann die nachteilige Wirkung bei Wanderungen in südlicher Richtung aufheben. Da der Wald negativ ist, so ist der Aufenthalt darin angenehm. Sensitive leben im Winter auf und erschlaffen im Sommer. Bei mir sind die Sommermonate mit schweren Nervendepressionen verbunden, ich kann dann nur bei bedecktem Himmel und Regenwetter arbeiten.
- Die Pflanzen sind verschieden polarisiert, darüber gibt der Pendel jeweils Auskunft. Rosen sind ausgesprochen negativ, daher so beliebt. Nicht der Nährwert der Pflanzen ist entscheidend, sondern deren Polarität. Positive Pflanzen sind schwer verdaulich und vermindern die Arbeitsfähigkeit.
- Alle Ursachen, die zum Schweiß treiben, sind positiv, der Schweißausbruch selbst ist negativ. Der Ausbruch des Schweißes ist leichter und nachhaltiger bei richtiger Lage des Menschen.
- Schlaflosigkeit wird meist durch Ansammlung von positivem Od verursacht. Sie verschwindet bei richtiger Stellung des Bettes und geöffnetem Fenster. Sie verschwindet bei Nordwind.
- Sensitive taugen nicht zum Seeberuf, sie gedeihen nur an Orten mit Absperrung der Ostwinde, nicht für offene und südliche Berglagen und Inseln.
- Sensitive dürfen keinen Beruf ergreifen, der mit Metallen zu tun hat, sie können keine positiven Gegenstände tragen und lassen sie entgleiten. Die Finger versagen einfach den Dienst. Selbst Stricknadeln sind unerträglich, wenn sie aus Metall sind.
- Heißc Bäder sind positiv, daher unangenehm. Die Heißwasserkur lässt sich bei Sensitiven nicht durchführen.
- Die Menschen sind verschieden organisiert. Mars im Horoskop verändert überall, deshalb sind nicht alle Regeln allgemein gültig, sondern es muss für jede Person das Zuträgliche ausgependelt werden.
- Sensitive suchen im Sommer See und Wald zur Erfrischung auf, weil sie Kühle benötigen.
- Wasserleitungen sind bequem, aber nachteilig. Trinkwasser schmeckt nur dann gut, wenn es in hölzernen Eimern im Brunnen geschöpft wird. Wasser in die Sonne gestellt, schmeckt angenehmer und erfrischender, als dasselbe Wasser, das im Schatten steht. An Stelle von Holz ist irdenes Geschirr ebenso gut.
- Sonnenstrahlen sind positiv und negativ gemischt. Das gewöhnliche Fensterglas lässt nur die unangenehmen positiven Strahlen durch, sogenanntes radioaktives Glas die negativen. Dieses ist daher günstig, das gewöhnliche Glas un-

günstig. Die Fenster werden nur deshalb im Sommer geöffnet, weil das direkte Sonnenlicht viel erträglicher ist als das durch Fensterglas verschlechterte.

- In einigen Heilanstalten wird heute an Stelle von Glasscheiben Ölpapier verwendet, weil dieses ultraviolette Strahlen durchlässt. Von mir ist Ölpapier erfolgreich für Frühbeetfenster benutzt worden. Japaner und Chinesen sind daher klug, sie spannen Ölpapier an die Fenster!
- Der Sensitive ist nicht in allen Tagesstunden gleich leistungsfähig. Meine besten Arbeitsstunden liegen von 2–8 Uhr in der Frühe und nach 5–10 Uhr abends. Andere sind ab 14 Uhr frischer, bis dahin müde, trotz der Nachtruhe. Ich bin in den Morgenstunden produktiv, in den Abendstunden rezeptiv.
- Mondlicht und das Erdlicht sind positiv. Die Erde entnimmt den Sonnenstrahlen die negativen Kräfte, die positiven werden zurückgeworfen. Daher ist der Erdboden angenehm, einige Meter darüber bereits unangenehm. Ermüdete Wanderer erfrischen sich durch Hinlegen auf die Erde.

Alle diese Angaben sind durch den Pendel zu erhärten, wenn mangelnde Selbstbeobachtung nicht zur Aufklärung führt. Immer zeigen Trennstriche oder Kreise Gunst oder Ungunst an.

Die Stärke der Ausstrahlung in Ausnahmefällen

Darüber berichten die Zeitungen: *Eine Frau bringt die Uhren zum Stehen.*
Ein merkwürdiges Phänomen stellt eine Frau dar, die als Aufwärterin in einer Londoner Vorstadt tätig ist. Ihr ist der Berichterstatter eines Londoner Blattes auf die Spur gekommen, der sich von ihren Herrschaften Auskunft holte. „Wir wissen genau, in welchem Raum sie gerade gewesen ist und zu welcher Zeit sie ihn betreten hat, denn jede Uhr hört sofort auf zu gehen, wenn sie das Zimmer betritt“, erklärte einer ihrer Arbeitgeber. „Wir haben dadurch viel Arbeit und Verwirrung, aber sie ist ein so tüchtiger und anständiger Mensch, dass wir sie nicht entlassen wollen. Die einzige Uhr, die sich ihrem Einfluss entzieht, ist eine Standuhr aus Großvaters Zeiten in der Diele, die auch weiter tickt, wenn sie ihr nahe kommt. Sie übt die gleiche Wirkung auf die Uhren der Nachbarn aus, bei denen sie ebenfalls bedienstet ist.“ Ärzte, die über diese eigentümliche Erscheinung befragt wurden, erklärten, dass es sich wahrscheinlich um *chemische Vorgänge der Haut* handelt, durch die Einfluss auf gewisse Metalle und Steine ausgeübt werden kann. Es gibt ja viele Frauen, die der festen Ansicht sind, dass ihre Perlen schöner werden, wenn sie sie tragen. Ein ähnlicher chemischer Einfluss der Haut kann auf Uhrwerke störend einwirken. Es wäre auch möglich, dass die Störung des Uhrganges durch eine *elektrische Ausstrahlung* hervorgerufen ist, die von manchen Personen ausgeht. Dass Personen eine Taschenuhr zum Stehen, eine Magnetnadel zu einem starken Ausschlag bringen können, habe ich selbst gesehen.

Aus Briefen von Dr. Ing. Fritz Teltscher[7]

Innsbruck, am 7. November 1930

Meinen besten Dank für die freundliche Übersendung Ihres Pendelbuches III. Dass wir vor Wendepunkten von ungeheurer Wichtigkeit stehen, ist auch meine Ansicht, nur handelt es sich darum, dass die neuen Richtungen nicht aneinander vorbei arbeiten. In Ihren Ausführungen im Pendelbuch III haben Sie Fragen gestreift, welche von großer kosmisch-technischer Bedeutung sind.

Daher habe ich mir erlaubt, Ihnen einige Ausführungen hierzu beiliegend zu übersenden. Diese Ausführungen sind zwar mehr vom kosmisch-technischen Standpunkt aufgefasst, können aber meiner Meinung nach auch für einfachere Darstellungen Verwendung finden. Beispielsweise ist vom kosmisch-technischen Standpunkt aus weder nur die Newtonsche noch die Goethe'sche Farbenlehre allein richtig, sondern beide zugleich; eben je nach Anwendungsgebiet.[8]

Ich selbst habe nach Durchlesen des Heftes erst erkannt, welch große Bedeutung die Pendellehre für die Erweiterung unseres Wissens haben könnte, allerdings wird es noch geraume Zeit dauern, bis dieselbe in die engere Fach-Physik Eingang finden wird.

Ich selbst befasse mich zwar auch intensiv mit dem Strahlungsgebiet, aber nicht vom Standpunkt des Forschers, sondern von dem des Erfinders; ich suche alle zugänglichen Strahlarten künstlich zu erzeugen und praktisch zu verwenden. Ich komme auch dem gesamten Krebsproblem immer näher. Außerdem beschäftigt mich das Materialisationsproblem sehr, welches ebenfalls intime Strahlenkenntnis als Vorstufe voraussetzt.

Vorläufig sind aber noch die Auspendelungsmethode und die Steigebildermethode nach Dr. Kolisko die einzigen einwandfreien objektiven Beweise für die Strahlkräfte der Bilder.

Dr. Ing. Friedrich Teltscher

---

7 Dr. Ing. Friedrich Teltscher war maßgeblich an der wissenschaftlichen Erforschung des Bio-Rhythmus beteiligt. Die Ärzte Dr. Wilhelm Fließ und Dr. Hermann Swoboda entdeckten um 1900 einen 23-tägigen und einen 28-tägigen Zyklus im Menschen. Später stellte Dr. Teltscher anhand der Untersuchung von Prüfungsergebnissen seiner Studenten eine 33-tägige Kurve der geistig-intellektuellen Fähigkeit fest. Weitere statistische Untersuchungen von Verkehrsunfällen, Krankheitsausbrüchen, Selbstmorden usw. ergänzten und bestätigten alle Untersuchungsergebnisse. (rs)

8 Auch heute noch wird an den Universitäten über die Farbenlehre Goethe kontra Newton diskutiert! Diverse Beispiele finden Sie dazu im Internet. (rs)

1. Teil

1. Über Hören, Sehen und Fühlen

Zur Erkennung unserer äußeren Umgebung als auch unserer inneren Vorgänge stehen uns als feindifferenzierte Hilfsmittel (Sinnesorgane) zur Verfügung:

1. Das Hören,
2. das Sehen,
3. das Fühlen.

Alle diese Sinnesorgane können nach außen oder nach innen wirken.
Normal wirkt unser Gesicht und Gehör nach außen, das Gefühl hingegen nach innen (Arbeitsteilungsprinzip).
Bekannt sind aber auch ein inneres Sehen (Schau), sowie ein inneres Hören (die innere Stimme, beispielsweise die warnende Stimme). Analog gibt es aber auch ein Fühlen nach außen, das aber noch fast gar nicht erschlossen ist.
Eine richtige Pendelpraxis ist nun der erste Schritt zur Aufschließung des *äußeren* Gefühls (Ferngefühls).
Das äußere Gefühl bietet den Vorteil, unter allen diesen drei Haupt-Sinnesorganen am weitesten zu reichen.
Während das Hören auf der Erde normal kaum einige Kilometer umfasst, reicht das Sehen schon viel weiter, bis in die kosmischen Weltraumdimensionen (Milchstraße), das äußere Fühlen reicht aber noch weiter.
Doch muss es zuerst geübt werden, ähnlich wie das Auge des kleinen Kindes zwischen Nah- und Fernsehen nicht unterscheiden kann (das kleine Kind greift manchmal nach dem Mond), muss unser äußeres Gefühl auch erst geschult werden, um zwischen Nah- und Fernfühlen, präziser ausgedrückt der Reichweite des Fernfühlens, genau unterscheiden zu lernen.
Immer aber befolgt das äußere Gefühl das Grundprinzip des Lebenskreises, das in Punkt 2 beschrieben ist, und zwar aus folgendem Grund:
Unser äußeres Gefühl entwickelt sich in der Welt, ist demnach immer von den Weltverhältnissen abhängig, eine Erweiterung der äußeren Fühlfähigkeit kann erst nach dem irdischen Tod eintreten.

2. Der Lebenskreis – die Sprache des Pendels

Der erste Schritt zur Ausbildung des äußeren Gefühles bezweckt die Fähigkeit zum Aufsuchen von Lebenskreisen.

Pendel-Figuren sind Gefühls-Projektionsbilder, hier ist der Kreis Grundelement.
Ein Lebenskreis ist Symbol eines in sich geschlossenen Detail-Geschehens im großen kosmischen Gesamt-Geschehen.
In unserer Welt ist so ein Lebenskreis vierpolig (Figur) mit zwei Achsen (analog eines Rades).
Der Willen (innerlich orientiert) + Die Absicht (innerlich orientiert) + Die Bewegung + Die Tat = eine *Wirkung*.

Dies ist die allgemeine Gleichung eines Lebenskreises.

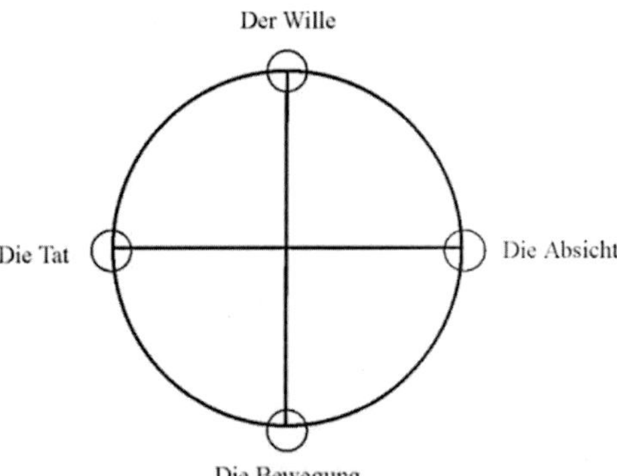

Sonnenstrahlen abgependelt ergeben über Lebendigem *zulaufende* Striche, demnach: beweglichen Willen oder willige Bewegung.

Heftige Querstriche bedeuten Warnung vor beabsichtigter Tat (Abwehr irgendeines schädlichen Einflusses).

Fundamental wichtig ist für das Verständnis der Pendelfiguren folgendes Grundprinzip: *Weltwirklichkeiten hervorbringen, das heißt eine Wirkung herbeiführen, kann nur eine Zweiachsigkeit,* also nur eine Pendelfigur (Kreis, Ellipse), nie aber etwas, das nur einachsig orientiert ist, also einfache Striche.
Einachsigkeit bedeutet einen *Einfluss* und Zweiachsigkeit eine *Wirkung.*
Zwei miteinander verachste Einflüsse geben demnach erst eine *Wirkung* ab!
Daher sucht zwar ein einachsiger Sonnenstrahl zu beleben, übt einen belebenden *Einfluss* aus, damit sich aber eine belebende *Wirkung* ergibt, muss noch ein zweiter einachsiger Einfluss hinzutreten!
Bei Sonnenbädern beispielsweise eine unterbewusste Kraftkomponente: die Bodenkraft.
Normale Pendelfiguren sind: Striche (nach Vorigem einachsige Einflüsse), Kreise, Ellipsen (zweiachsige Wirkungen), dann seltener auftretend: Achterfiguren (dreiachsige Zeugungen, den normalen Weltlebenskreis bereits überschreitend).

Anwendung auf Abpendelung von Farben:
Schwarz: Querstriche, also bloß einachsiger Einfluss.
Rot, gelb, blau: Kreise, demnach Gefühls-Vollwirkungsfarben.
Violett: Ellipse, demnach Gefühls-Halbwirkungsfarbe (nur eine Achse voll ausgebildet).
Weiß: Punkt, keine Wirkung, sondern eine Wirkungsquelle, aus der die Farben als Wirkungen hervorgehen können.

3. Farben-Kategorien

Eine Anwendung des kosmischen Führungs- und Formungs-Grundprinzips:
Führungsfarben entstehen aus weißem Licht durch Brechungsvorgänge (Newton'sche Farbentheorie). Formungsfarben hingegen durch Durchtritt weißen Lichtes durch trübe Schichten (Goethe'sche Farbentheorie). Erstere haben fünf Hauptgrundfarben: Rot, gelb, grün, blau, violett; letztere bloß zwei: Gelb, blau. Unser Auge unterscheidet direkt nicht Führungs- und Formungsfarben, wohl aber eine feine Auspendelung, da das äußere Gefühl eben feiner differenzierbar ist.

Meereswogen beispielsweise erscheinen weiß, grün, blau, da sich eben deren Farbgebung aus Führungs- und Formungsfarben zugleich zusammensetzt.

4. Über Strahlungen

Das äußere verfeinerte Gefühl ist unser einziges Sinnesorgan, welches alle Strahlarten zu unterscheiden vermag, das Auge hingegen nicht. Daher ist ein Weltbild, bloß aus sichtbaren Vorgängen aufgebaut, immer einseitig. Kosmisch sind die Strahlungen in Mehrfacher Hinsicht einzuteilen:

A. Der Art nach:

1. Führungsstrahlen,
2. Formungsstrahlen,
3. Umformungsstrahlen.

B. Dem Ort nach:

1. Erdstrahlen,
2. Planetenstrahlen (inklusive Sonne und Mond),
3. Fixsternstrahlen,

4 Milchstraßenstrahlen.

C. Der Quellen-Qualität nach:

1. Höhenstrahlen,
2. Tiefenstrahlen,
3. Stützkraftstrahlen (im 2. Teil behandelt).

5. Physiologische Bedeutung der Strahlen

Körperliches und seelisches Gleichgewicht hängt in erster Linie von der gegenseitigen Ausbalancierung der Erd-, Planeten-, Fixstern- und Milchstraßen-Strahlen ab. Der Hauptsache nach wirken:

1. Erdstrahlen: innerlich füllend (sollen nicht zu weich sein, sonst resultieren schwammige Gebilde).
2. Planetenstrahlen: äußerlich formend (sollen nicht zu hart sein, sonst ergeben sich kantige, zerrissene Formungen).
3. Fixsternstrahlen: rhythmisierend (sollen regelmäßig sein).
4. Milchstraßenstrahlen: wirken neubildend (sollen anpassungsfähig sein).

Bösartige, weich zerfließende Geschwüre (manche krebsartigen Wucherungen) ergeben sich beispielsweise dadurch, dass die Erdstrahlen zu weich und die Milchstraßenstrahlen zu stark und zu wenig angepasst sind etc.

Sandboden gibt durchschnittlich härtere Erdstrahlen ab, fließendes Wasser hingegen weiche, stehendes Wasser mittel. Gut gebaute Schiffe geben durch sekundäre Resonanz ebenfalls härtere Erdstrahlen ab. Wenn der Pendel Tücken bekommt, ist dies ein sicheres Anzeichen, dass in der Strahlung 1. die Erdstrahlen und 2. die planetaren Strahlen nicht im Gleichgewicht sind, daher 3. das Fixsternstrahlenprinzip zu schwanken anfängt.

2. Teil: Zur Pendel-Konstruktionsfrage

Versuche von Herrn Karl Preu haben ergeben, dass Silber zu den Höhenkräften, Eisen zu den Tiefenkräften, Zink zu den Stützkräften und Kupfer zu den dynamischen Kräften hinneigt.
In der speziellen Pendelkonstruktion ergibt demnach:

- Zink: sichere Ausschläge,
- Eisen: exakt gerichtete Ausschläge,
- Silber: fein detaillierte Ausschläge,
- Kupfer: rasche, bewegliche Ausschläge.

In der Pendelkonstruktion spielt die äußere Form eine große Rolle, da ja der Pendel mit dem eigenen Körpergefühl sozusagen in Resonanz stehen soll.
Eine unten zugespitzte Form hat den Vorteil, eine größere Strahlensaugekraft des Pendels zu ergeben.
Werden noch vier versilberte Metallknöpfe angebracht, wird auch die Richtkraft des Pendels feiner nuancierbar.
Im Allgemeinen hat man sich den Vorgang beim Auspendeln etwa folgendermaßen vorzustellen:
Zu allererst stellt der Pendler seine eigene Vorstellung auf das auszupendelnde Objekt ein, das heißt, er sucht seine körpereigenen (unterbewussten) Strahlungen dem Strahlsystem des Objektes konträr entgegenzurichten. (Dies geschieht auch ohne Pendel in der Hand, etwa beim Anschauen eines Gemäldes.)
Der Pendel selbst befindet sich demnach zwischen zwei konträr gerichteten Strahlsystemen: jenem des Pendlers und jenem des Objektes. Der Pendel ist sozusagen eingespannt.
Lädt sich nun der Pendel selbst mit Strahlen auf, wird er selbst reaktionsfähig, analog wie ein Korkkügelchen zwischen zwei elektrisch geladenen Metallkugeln hin- und herpendelt.
Hält man den Pendel über dem auszupendelnden Objekt, so nimmt der Pendel Strahlen von diesem Objekt auf, es wird dem Objekt artähnlich, dann zeigt der Pendel das Verhalten des Pendlers zu dem Objekt an.
Bei Übung kann man aber auch umgekehrt pendeln. Beispielsweise man hält den Pendel einige Zeit über dem Kopf, der besonders stark strahlt, sodann über einem neuen, unbenutzten Stück weißen Papiers, das sehr wenig strahlt und das auszupendelnde Objekt in der andere Hand ausgestreckt: Dann wird der Pendel umgekehrt das Verhalten des Gegenstandes zur Person des Pendlers anzeigen.

(Ende des Briefes)

Auspendelung von Geistern, Materialisations-Erscheinungen und Psychogonen[9] (= belebte Gedankenbilder)

Zu untersuchen ist:

1. *Ob die Erscheinungen Pendelausschläge verursachen.*
   Geschieht das nicht, so müssen sie als tot betrachtet werden, da alles Lebende strahlt und Pendelausschläge verursacht. Echte Geister können ohne Ausstrahlung nicht gedacht werden.
2. *Wenn Pendelausschläge stattfinden,* ob nach dem Gesetz der Hemmung der Pendel in Stillstand gerät, wenn die andere Hand die Medien berührt. Kommt Stillstand, ist die Erscheinung eine Abspaltung des Mediums, somit kein selbständiges Sein.
3. *Wenn die Erscheinung ein selbständiges Ich ist,* welche Pendelausschläge vorkommen, ob diese gemäß den menschlichen Erfahrungen zu deuten sind.

Leider stehen mir keine Lichtbilder zur Verfügung, sondern nur Klischees, die nur unter Vorbehalt der Richtigkeit gedeutet werden können.

1. Materialisation von Eva Carrière (dem Medium von Schrenk-Notzing[10]). Die Erscheinung eines Gesichtes, scheinbar aus halbweichem Stoff geknetet. *Pendelruhe.* Demnach eine tote Masse.
2. Materialisation von Stanislava P. Ebenfalls Pendelruhe. Die Masse liegt über der Stirn des Mädchens und verhindert das Durchstrahlen des Mädchens.
3. Fotografie der Gedanken. Von Fr. Feerhov, Max Altmann 1913. Vorsatzbild. Psychogon über dem Kopf des andächtigen Dr. Baraduc. Nachretuschiert! Die Lage des Psychogons ist mehr nach vorn, dort viel stärkere Ausschläge. Bei Berührung des Dr. Baraduc geht der Pendel in Stillstand über (oben Punkt 2).
4. Tafel II, 3 Bilder eines Knaben: Die Psychogone sind nach unten gesandt, „niedergedrückte Gedanken“. Bei Berührung des Hauptes geht der Pendel in Ruhe über.
5. Tafel II, Bild 2: Soll tiefe Traurigkeit darstellen. Nach einem Bild aus Baraducs Werk Konographie. Das Bild ist eine Ausstrahlung der rechten Hand eines Herrn, ohne Licht gebildet. Der Pendel rührt sich nicht, daher zweifelhafter Natur. *Optische Gedankenformen sind leblos!*

---

[9] Ein Psychogon ist eine magisch erschaffene Astralform, die sich in Extremfällen bis zur Sichtbarkeit verdichten kann. Als Psychogon können sowohl Objekte als auch belebte Erscheinungen gebildet werden.
Zitiert nach: www.paranormal.de/geister/geister2/golempara.htm. (rs)

[10] Neuauflage im Bohmeier Verlag „Experimente der Fernbewegung – Telekinese“ (im psychologischen Institut der Münchener Universität und im Laboratorium des Verfassers) von Dr. Freiherr von Schrenck-Notzing.

6. Tafel IV, Bild 7: Ein Gebet-Psychogon, in eine Flasche gesetzt. Lebhafte männliche Pendelausschläge, *jedoch keine Charakterausschläge*!
7. Tafel IV, Bild 8: Psychogramm eines Gebetes. Ellipse im geistigen Feld in schräger Lage, auch hier keine Charakterausschläge. Es sind also Stimmungsbilder, keine selbständig wirkende Abspaltungen.
8. Das Gespenst in der Courroierie: Aus Grabinski, Spuk und Geistererscheinungen. Hildesheim 1920. Diese Erscheinung zeigte sich auf einem Lichtbild, das von Besuchern in den Kellergewölben eines Klosters aufgenommen worden war. *Gesehen wurde sie nicht.* Auf dem Lichtbild ist jedoch deutlich das bekleidete Skelett zu erkennen, es steht an einer Pfeilerecke, die Hände in der Hosentasche. *Der Pendel rührt sich nicht.* Demnach toter Stoff. Wäre das Bild eine Fälschung, so würde es notwendigerweise Pendelausschläge geben müssen, nämlich die des Fälschers. Dies ist eins der wichtigsten Bilder von Spukerscheinungen, da es einen erwachsenen Mann zeigt, dessen Lichtausstrahlungen die Sehnerven nicht berührten, wohl aber die fotografische Platte. Es gibt viele derartige Bilder, unbeabsichtigt mit Spukgestalten oder gefälscht. Solche Fälschungen sind sehr leicht herzustellen. Ich habe „Gespenster" in Tageshelle fotografiert: Man stellt die kleinste Blende ein, bei hellem Himmel noch eine Gelbscheibe davor und exponiert 5 Minuten. Normal gehende Personen werden nicht festgehalten. Solche, die einen Augenblick stehen bleiben, erscheinen jedoch spukhaft auf dem Bild. Diese geben menschliche Pendelausschläge. Unser echtes Gespenst hingegen pendelt nicht!
9. Die künstlich eingebrannte Hand: Eine weibliche, sehr hochgeistige Hand, die in ein Tuch eingebrannt ist. Die Hand pendelt! Erst die weibliche Ellipse, dann die Charakterpendelung mit starker Betonung der Linie des Unterbewusstseins. Vom Körper nur das Gehirn, dann Stillstand!
10. Eingebrannter Finger in ein religiöses Buch: Keine Ausschläge.
11. Bilder aus der Heiligen Theomonistischen[11] Bibel. Illustriert mit Bildern von echten Fotografien von Engeln. Oberammergau 1922: Der Inhalt umfasst mediale Mitteilungen und Gesichte. Medien sind der Bischof Theodolithos (Der Herr stammt aus eingewanderter deutscher Familie mit Namen Holler.), seine Frau und Tochter. Religion mit Kriegspsychose. Bischof Holler hat im Jahr 1919 in göttlichem Auftrag die verstorbenen Menschengeister, Engel, Satane und ähnliches „Volk" gerichtet. Henker und Folterknechte waren Engel. Schmeckt stark nach USA. Viele Bilder zeigen Bischof Holler immer auf demselben Stuhl, in derselben Haltung, jedoch abwechselnd mit Köpfen von Phantomen zur Seite.

[11] Die Theomonistische Gesellschaft bemüht sich vor allem darum, die materialisierte Gesellschaft in den Lebensbereichen mit spirituellen Bezügen zu konfrontieren, um eine Alternative zum Nullspiel des Sinnengenusses vor allem den wandlungsfähigen und wandlungsbereiten Menschen anzubieten. Zitiert nach: http://www.theomonistik.net. (rs)

12. Bild 1: Basa – Jesus – Christus – Jehova[12], neben dem Holler. Holler selbst pendelt senkrechte und waagerechte Ellipsen, er ist also nicht in Trance. Das Phantom von Jesus pendelt genau wie Holler, nur sehr schwach. Berühre ich den Kopf von Holler, bleibt der Pendel stehen. *Also ein Gedankenbild!* Ein anderes Gedankenbild ist nicht vorhanden. Suche ich mit dem Pendel die ausgehenden Gedankenstrahlen, so finde ich diese nach dem Phantom zu. Selbst wenn hier eine stoffliche Fälschung vorläge, so enthält diese dennoch Hollers Psychogone.
13. Platte 2: „Hanah als kleines Kind", Zwillingsseele Jehovas. Ein Mädchenbild, reichlich matt entwickelt, ein Gegenstück zu dem Buddhakind aus Tibet. Die Pendelung ist ähnlich, nur viel schwächer. Bemerkenswert: Die weibliche Ellipse ist nur verkümmert am Schluss zu sehen. Etwas fragwürdiges Bild!
14. Platte 6: Holler mit Bonifazius. Dieser römische Missionar lebte vor mehr als 1.000 Jahren, erscheint jedoch in Frack, steifem Brusthemd, Vatermördern[13] und schwarzer Halsbinde, wie unsere Urgroßväter. Pendelergebnis wie bei 11, gekreuzte Ellipsen beim Medium und dem Phantom, bei letzterem sehr schwach. Pendelstillstand, sobald Holler berührt wird. Gedankenabspaltung, ein anderes Gedankenbild ist nicht zu finden, die Ausstrahlungen umfassen das Phantom.
15. Platte 10: Holler und Judas Ischariot. Nun, bei diesem Verräter müsste doch eine entsprechende Charakterpendelung herauskommen, aber wiederum dasselbe Hollerbild abgeschwächt über Judas! Es ist also ganz egal, welcher Engel erscheint, ob Jesus oder sein Verräter, das Bild ist dasselbe! Bischof Holler ist demnach nicht im Stande, einen Verrätercharakter geistig zu formen, er hat lediglich ein Bild in Erinnerung, das er nachformt, genau wie bei den vorhergehenden! Das ist dasselbe, was ich bei Belebung der Symbole (Band VI der Bücherei) bei mir feststellte: Ich konnte keine schwarzmagischen Kräfte hineinlegen.
16. Platte 11: Familie Holler. Der Bischof pendelt wieder das Kreuz in Ellipsen. Im Vergleich zu Karl Schneider (siehe Auspendelung von Medien) ist das Ego im Ober- und Unterbewusstsein stark entwickelt. Als Gedankenform zeigt sich die liegende Ellipse, wie bei allen Medien. Das Bild der Frau zeigt ähnliche Pendelfiguren, nur schwächer, insbesondere ist die Linie des Ego schwach.

    Es ist bemerkenswert, dass bei medialen Personen die Geschlechtslinien ziemlich ausfallen! Der Bischof zeigt keinen männlichen Kreis, Karl Schneider auch nicht.

---

[12] Im Original: „Xeovah". (rs)

[13] Der „Vatermörder" ist ein hoher, weißer, steifer Kragen für den Herrn. (rs)

17. Platte 12: Bischof Brooks, gestorben 1893, der jenseitige Führer. Der Pendel rührt sich nicht! Das ist seltsam, da sonst Bilder Verstorbener noch Pendellinien ergeben.
18. Frau Welari mit einem bösen weiblichen Geist, der sich auflöst: Eine Abspaltung der Frau selbst! Der Kopf des Phantoms steckt noch halb im Kopf des Mediums, das im Wachbewusstsein ist (Selbstverständlich, in Trance oder hypnotischen Schlaf kann kein Gedankenbild geformt werden!). Das Phantom pendelt wie das Medium! Der Pendel wird von der Stirn des Mediums sofort zum Phantom gedrängt.

Leider konnte ich die Platten zu den Bildern nicht erhalten, der Bischof Holler verwahrt sie in Washington.

Immerhin kann der Pendler erkennen, welche Untersuchungen mit dem Pendel möglich sind und was dabei herauskommt.

Die vorgenommenen Prüfungen erweisen: Die Geister sind Geist vom eigenen Geist, soweit sie nachprüfbar sind. Echte Geister vom Jenseits werden wir nie auf die Platte bekommen, niedere Wesenheiten neben den eigenen Schöpfungen sind begreiflich.

Phantome Verstorbener dürften wohl immer leblos und strahlenlos sein, sie haben somit keine psychische Bedeutung.

Diese Erkenntnisse führen uns ein Stück weiter in der Gespensterwissenschaft.

Auspendelung von Medien

Bilder in Willy K. Jaschke, „Maria, Eine Stimme aus dem Jenseits?“ Bamberg 1928.

1. Das Medium Luise Weber in München, Lichtbild. Flache Ellipsen, liegend in der Mittelachse. Die Ellipsen nähern sich zuweilen dem Ost-West-Strich. Ich mache auf den Unterschied Ost-West oder West-Ost aufmerksam! Ersterer ist geistig-medial, letzterer triebhaft schlecht. Die Charakterpendelung ergibt eine verkümmerte Linie des Egos, eine starke des Unterbewusstseins. Die Gehirnfigur Δ geht gleich in Ost-West-Strich über.
2. Karl Schneider aus Braunau. Wie vorstehend. Sehr schwach entwickeltes Oberbewusstsein, stark entwickeltes Unterbewusstsein. Sehr passiver Mensch.
3. Abb. 4. Beide Medien in Trance. *Der Pendel rührt sich nicht!*
4. Abb. 5. Karl Schneider in Trance. *Pendelruhe.*
5. Abb. 6. Handabdruck. Stehende und liegende Ellipse, deutet auf ein weibliches Medium!

Innsbruck, am 15. November 1930.

- Ein Trennungsstrich kann in der Pendelsprache auch das Ende, den Abschluss eines Vorganges anzeigen (analog dem Punktzeichen), aber nur, wenn der

Pendel-Querstrich am Ende mehrerer Pendelzeichen zu stehen kommt (analog dem Abschluss einer Wort-Satz-Bildung).

Sehr interessant sind die von Ihnen konstatierten Pendelfiguren des Großhirns (Dreieck) und Kleinhirns (Kreis).

- Letzterer ist leicht erklärbar: Das Kleinhirn ist das Regelungssystem der niedrigeren Strahlungen, welche sich auf vegetative Vorgänge im Körper beziehen, daher Pendelzeichen Lebenskreis. (Analog regelt das Großhirn die höheren, vergeistigenden Strahlungsarten.)

Haben Sie auch schon die beiden anderen (konträren) Strahlzentren des Körpers, Nabelgegend und Kreuzgegend, untersucht mit Ihrer Auspendelungsmethode?

- Großhirn und Kleinhirn sind die beiden Führungsstrahlzentren des Körpers, bilden die senkrechte, die Willensachse.
- Kreuz- und Nabelgegend hingegen, die beiden Formungsstrahlzentren des Körpers, bilden die waagerechte, die Fantasieachse.
- Alle obigen 4 Hauptstrahlzentren bilden die Doppelverachsung des Körpers.
- In Trancezuständen löst sich diese Doppelverachsung auf, eine oder beide Achsen können die Körper verlassen und Fernbewegungserscheinungen (Willensachse) oder Fernformungserscheinungen (Fantasieachse) hervorrufen, aber nur in Kombination mit einer fremden Achse, da ja Wirkungen nur bei Doppelachsen entstehen.
- Die kosmische Pol- und Achsentheorie bringt in alle okkulten, spiritistischen etc. Phänomene ein ganz neues Licht, auch in die Pendeltheorie.
- Auspendeln kann man nur etwas Verachstes: einen Einfluss (einachsig) oder eine Wirkung (zweiachsig).
- Man kann eine ausgetretene Psyche mit dem Pendel örtlich feststellen, wenn dieselbe verachst bleibt, zumindest mit einer Achse (Willensachse).
- Materialisationen hingegen, welche noch keine verachsten Bildungen sind, können nicht ausgependelt werden.
- Es ist zwischen „Stofflichkeit“ und „Materie“ wohl zu unterscheiden. Materie gehört unter die stofflichen Wirkungen und ist immer doppelt verachst.
- Feuchte, schwammige Stoffbildungen bei den sogenannten Materialisationsvorgängen sind zumeist noch nicht oder nur schwach verachst.
- Das Verachsungsprinzip hängt mit dem Lebenskreis insofern zusammen, als derselbe ja zwei Achsen besitzt, demnach in unserer Welt alles belebte Stoffliche zweiachsig verachst sein muss.

Vom kosmisch-technischen Standpunkt aus scheint daher der Pendel auch ein Hilfsmittel zu sein, um verachste und nicht verachste Aggregate voneinander unterscheiden zu können.

Dr. Ing. Friedrich Teltscher.

Meine Antwort

Die Untersuchung der Pendelbahnen führt mich stets auf kosmische Gründe. Dem Kreuz am Himmel entspricht das Kreuz bei der Untersuchung lebender Wesen und folgerichtig auch bei allen Dynamiden, auch bei Ihren Kraftbildern.

1	2
4	3

1: der geistige Quadrant
2: der seelische Quadrant } im Oberbewusstsein = Elektrizität (?) = Pluspol

3: der geistige Quadrant
4: der seelische Quadrant } im Unterbewusstsein = Magnetismus = Minuspol

Die geistigen und seelische Quadranten sind durch schräge Pendelbahnen verbunden, es entsteht hieraus ✳. Dieser Figur dient als Entsprechung das Radix- und Mundankreuz im Horoskop. Darin ist die Hagel-Rune enthalten, die sich erst völlig dem Verständnis erschließt, wenn meine symbolische Deutung des stehenden Kreuzes, wie ich sie im VI. Band gebe, berücksichtigt wird. Der senkrechte Balken ist eine „himmlische" Einstrahlung, d. h., es ist ein herabkommender dynamischer Strahl, ein starker Impuls, Wille: Sei er im höchsten Sinn kosmisch, wenn als stoffliche Wirkung geschildert, sei es der in jedem Menschen wirkende Gottesfunken, das „Ich" in der Körpermaske, gleich J-Rune, Js oder Jst (Jst: Sein = Gott). Der waagerechte Balken ist das Geschaffene, Vorhandene, die Natur, das „Leben", die Grenzlinie zwischen „Oben" und „Unten". Dieser Balken ist in der Symbolsprache der Runen schräg gelagert ᚾᚾ, Not- und Ehe-Rune, einer Teilung der Hagel-Rune gleichkommend, gleichzeitig die geistige und seelische Seite besonders betonend. Allein sind es Bar- und Balk-Runen, die wegen des fehlenden J-Balkens nur irdische Dinge verraten. Das Fehlen des Waagebalkens in den Runen ist für deren geistig-dynamische Grundlage bezeichnend!

Der *Kreis* ist immer etwas in sich Abgeschlossenes, Abgerundetes, er bezeichnet immer nur eine dynamische Kraft, ein wirkendes Zentrum, wie eine Sonne, eine Zelle; es gibt darin nur einen Größen- oder Stärkeunterschied, der Kreis kann größer oder kleiner sein. Anders wird es und fesselnder, wenn an Stelle eines Kreises die Ellipse kommt! Die Ellipse hat *zwei* Brennpunkte! Die Ellipse kann folgende Lagen annehmen:

A) *in waagerechter Lage:*

1: Seele und Geist im Oberbewusstsein verbunden = Ethik im Leben des Volkes. Diesseits.

2: Körperkraft und Körpertrieb = Lebensleidenschaft. Sexus.

3: Seele und Geist im Unterbewusstsein = Ethik im inneren Leben. Jenseits

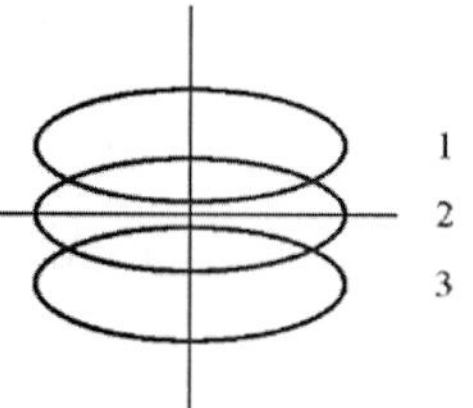

B) *in senkrechter Lage:*
4: Schwarze Magie (Geist + böse Seelenkräfte).
5: Das bewusst lebende Ich. Ego.
6: Weiße Magie (Gute Seelenkräfte + geistige Anlagen).
Es kommt nur 5 oft vor. Sie sollte bei jedem Menschen in schöner Form vorhanden sein. 1 ist die Linie der großen Seelen, 2 der guten Menschen, 3 der durchaus Verinnerlichten. 4 und 6 sind sehr selten. Man kann die Kreuzbalken graduieren und die Ellipsen und Linien genau danach bestimmen! Als höchste Feinheit der Analyse.

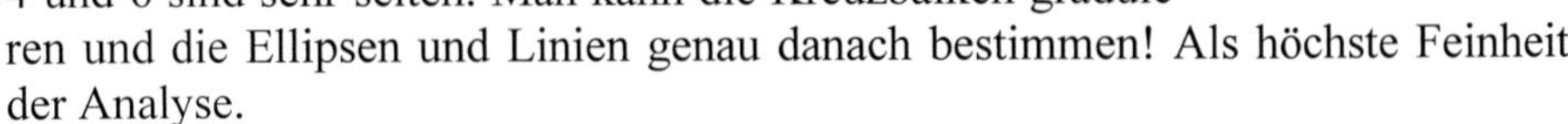

Und es gibt eine ganz große Ellipse, die alle umfasst, aber liegend, nicht stehend: Das ist die göttliche Ellipse, so pendelt Jesus, so die größten Menschen, die gotterfüllt sind.
Für diese Ellipse besteht nicht die Möglichkeit einer Einschränkung, einer Einschnürung, die bei den anderen 6 möglich ist, bis die Ellipse zum Strich wird. In Kreis und Ellipse wirken ☉ ☾ ♀ ♃ ♄ ☿ und ⛢ wirken nur in Strichen, besonders ♄ vereinfacht zum Strich, während ♃ zur Ausweitung der Ellipse drängt. Sie erkennen das sofort, wenn der Schrägbalken von Geistquadrant oben zu Geistquadrant unten nicht als Linie, sondern als Ellipse geweitet erscheint, oder wenn die Ego-Ellipse (5) unter dem einengenden Einfluss von ♄ zum Strich erstarrt = Egoismus.
♂ gibt den Ausschlägen Kraft und Anstoß.
Die Kreise sind damit auch zu erklären. Die Verlagerungen innerhalb des Grundkreuzes sind ungemein aufschlussreich!
Das *Dreieck* Δ über Großhirn und Herz fällt aus dem System, es ist unirdisch im kosmischen Sinne, ist der Nerven*geist* (im Sinne der Seherin von Prevorst), ist der Lebens*geist*, Archäus im Sinne von Paracelsus und J. J. Böhme, Prana, Atma, Budhi im Sinne der Theosophie. Wir kennen nur das Großhirn und das Herz als Sitz dieser „Geister“.

So erfahre ich die Pendelbahnen und ihre Bedeutung.
Die Nabelgegend, gleich Sonnengeflecht, pendelt einen Kreis, der wenigstens den doppelten Durchmesser des Kreises über Kleinhirn haben soll. Sonnengeflecht und Kleinhirn stehen in Verbindung, wie Einnehmen und Ausgeben. Die Betäubung, das „Taub“-machen, des Sonnengeflechtes macht sofort auch das Kleinhirn „taub“, leer, unwirksam. Dafür ist der verbotene Tiefschlag beim Boxen erklärend und beweisend. Es ist daher auch undenkbar, dass der Ausgeber einen höheren Wirkungsgrad durch größere Kreise anzeigt als der Einnehmer, der Zusammenbruch müsste jeden Augenblick erfolgen.
Das Kreuzgelenk am Rücken liefert keinen besonderen Ausschlag wie die Organe.

Innsbruck, am 1. Dezember 1930.

Anbei erlaube ich mir Ihnen zur eventuellen Verwertung einige Ausführungen zu übersenden, welche teilweise mit der Pendeltechnik und dem weitreichenden Inhalt Ihres Schreibens vom 22.11. in Zusammenhang stehen.
Es handelt sich hierbei um einige einführende Kapitel in die Achsentechnik, welche wohl theoretisch und praktisch sehr wichtig ist, unserer heutigen Denkweise aber noch ziemlich fremd. Ich habe mich bemüht, eine möglichst einfache Darstellungsart zu befolgen.

Achsen-Probleme

1. Bedeutung eines Poles und einer Achse

Ein „Pol" beinhaltet eine Klasse von Fähigkeiten, beispielsweise der Willenspol die Fähigkeit einer Willens-Erregung, der Bewegungspol die Fähigkeit, eine Bewegung zu veranlassen. –
Verachst sind nun zwei Pole, wenn dieselben zu einer gemeinsamen Tätigkeit beziehungsweise Arbeitsleistung zusammengeschlossen sind, wobei dann der eine Pol das Kommando übernimmt (Kopfpol), der andere Pol hingegen die Ausführung (Fußpol).
Sehr deutlich sind diese Umstände bei unserer Willensachse ersichtlich.
Der Willenspol (Großhirn) kommandiert, der Bewegungspol (Kleinhirn) veranlasst eine Bewegung (Aussendung eines geeigneten Nervenreizes).
Bei der Fantasieachse (Vorstellungspol, Natürlichkeitspol) ist dies nicht so klar der Fall (wenigstens in dem gegenwärtigen Entwicklungszustand des Menschen).

2. Nervenzentren, Pendelfiguren derselben

Unsere Hauptpole lokalisieren (projizieren) sich im Körper in erster Linie in den großen Nervenzentren desselben, und zwar:

Bewegungspol ...... Kleinhirn
Willenspol............. Großhirn
Naturpol................ Sonnengeflecht
(Sonne = Symbol der Natürlichkeit).

Willenspol ist ein Kopfpol (Kommandant), die beiden übrigen Fußpole (Ausführungspole).
Der Vorstellungspol hat noch kein so ausgesprochenes großes Nervenzentrum im Körper zugeordnet, das Großhirn übernimmt größtenteils die Vertretung, ist daher leicht überlastet (überanstrengt).
Insbesondere mondstrahlenempfindliche Teile im Hinterkopf (zum Großhirn gehörige Hirnwindungen) übernehmen die Projektion des Vorstellungspoles im Körper (Mondsüchtigkeit: Mond = Symbol der sich in die Natur projizierenden Fantasie, es sei nur an die „Mondschein-Stimmungen" erinnert).
Großhirn und Kleinhirn sind sehr deutlich miteinander verachst (zu gemeinsamer Tätigkeit zusammengeschlossen) und bilden unsere Willens-Hauptachse: die

wollende Bewegung, welche in unserem äußeren Leben sehr deutlich ausgeprägt ist.

Das Sonnengeflecht entspricht nun dem Kleinhirn in der Fantasieachse (statt wie letzteres in der Willensachse).

Kleinhirn und Sonnengeflecht pendeln im Kreis im Lebenskreis, vegetativ orientiert (da sie ja ausführende Körperorgane darstellen).

Das Großhirn als kommandierendes Körperorgan ergibt hingegen Dreiecke als Pendelfigur.

Nun hat aber normal der Pendelkreis des Sonnengeflechtes einen doppelt so großen Durchmesser wie der Pendelkreis des Kleinhirnes, ein Beweis, dass die (noch unfertige) Fantasieachse in unserem Körper doppelt so stark vorgebildet ist als die Willensachse.

Vorläufig vollbringen wir aber alle äußeren Leistungen (von seltenen okkulten medialen Fällen abgesehen) mit der Willensachse als *Hauptachse* und es dient die Fantasieachse nur als Nebenachse, sozusagen als Hilfsachse. Unsere Willens-Hauptachse ist demnach sehr angestrengt und daraus resultiert ein großes Schlaf-(Ruhe-)Bedürfnis.

Im Großhirn selbst tritt zu dem Willenspol der Vorstellungspol als Hilfe hinzu (Gedächtnis, Vorstellungsfähigkeit, welche aber normal selten in Aktion tritt. Hingegen bei manchen Leistungen von Willensachsen-Medien: manche Abarten von Fernsehen etc.).

3. Nervenzentren als Strahl-Sammelstellen, Einflüsse der Planeten und der Erde

Gerade die großen Nervenzentren im Körper sind befähigt, große Strahlmengen sozusagen in sich einzusaugen. Gewissermaßen Strahlungs-Auffang-Antennen.

Die Planeten senden insbesondere weiche negative (passive) Strahlen aus (Feinkraftflüsse), die Erde hingegen positive, harte Strahlen.

Hierdurch ergibt sich in den Nervenzentren eine Strahlspannung.

Als Verbindungsbrücke der Strahlkunde mit der Astrologie ist insbesondere bemerkenswert, dass besonders stark aufnahmefähig für:

- das Großhirn für Strahlungen des Planeten Mars,
- das Kleinhirn für Strahlungen von Merkur und Venus und
- das Sonnengeflecht für Strahlungen von Jupiter und Neptun ist.

Die Grundeinstellung für die individuelle Strahlungsaufnahmefähigkeit erfolgt im Moment der Geburt (Geburtshoroskop).

Die Planeten können nun je nach Stellung im Geburtshoroskop einen Strahlungsdruck nach oben, seitwärts oder unten ausüben (gerechnet wird immer so, als ob das Strahlzentrum im Mittelpunkt des Horoskopkreises wäre), während die Erde immer von unten nach oben drückt.

Die Summen der Strahldruckwirkungen in den großen Nervenzentren teilen sich in zwei Arten:

a) kombinierte, wenn beide einzelne Strahlungsdrücke einen nicht zu großen Winkel miteinander bilden oder
b) in Strahlungspressungen, wenn sie gegeneinander stoßen.

Ein Beispiel: Starke Strahlpressung im Großhirn entsteht, wenn im Geburtshoroskop der Planet Mars hoch oben über dem Horizont steht.
Dann zerpressen sich Mars-Strahldruck und Erden-Strahldruck.
Der Betreffende fühlt sich zu größeren geistigen Anstrengungen ständig angeregt (gepresst), hat Tendenz zu einer aktiven Lebensführung, verzagt nicht leicht, wenn auch alles schief geht (sofern nicht ein anderes großes Nervenzentrum dem hemmend gegenübersteht): Er presst ja konstant seinen eigenen Willen! (Was man auch frei gewollt durch Willensübungen, aber nicht dauernd erzielen kann.)
Jedenfalls spielt das Geburtshoroskop für die Entwicklung des inneren, normalen Körpergefühls eine grundlegende Rolle.
Anmerkung: Jeder Mensch gewöhnt sich an seine inneren Strahlungs-Druckverhältnisse. Unsympathisch sind ihm nur Strahlungs-Konstellationen, welche seiner eigenen diametral sind. Dem Säugling hingegen ist allerdings die Strahlungsdruck-Anpassung ein gefühlsmäßig sehr unangenehmer Vorgang.

4. Ellipsen als Grund-Pendelfiguren

Die zumeist auftretende Grundpendelfigur ist der Kreis. Es kann aber auch eine Ellipse Grundpendelfigur sein. Allgemein ist zu unterscheiden:

a) Ellipse ausgependelt ist ein in Richtung einer Achse verkürzter Pendelkreis.
b) Ellipse ausgependelt ist hingegen eine Grund-Pendelfigur.

Die Unterscheidung zwischen beiden Klassen ist manchmal nicht leicht zu treffen, doch lässt sich allgemein aussagen:
Die Ellipse als Grundpendelfigur beinhaltet bereits selbst eine doppelte Verachsung (Zusammenschluss zweier Achsen), also eine unzerlegbare Wirkung *in sich*, nicht bloß eine kombinierte Wirkung durch Zusammentritt zweier Achsen, was bei allen äußeren Naturerscheinungen der Fall ist.
Demnach: Alles Physische kann nur Pendelellipsen von Klasse A geben (beispielsweise Farben).
Nur rein Psychisches (dessen Projektion!) ergibt hingegen Ellipsen als Pendel-Grundfiguren.
Und zwar in zwei Hauptlagen: Ellipse *liegend* bedeutet willige Fantasie,
Ellipse *stehend* bedeutet phantastischer Wille.

Im ersteren Fall passt sich das Psychische (dessen Projektion) dem natürlich Gegebenen der Welt an, im letzteren Fall sucht es dasselbe zu überhöhen!

5. Prinzip des Entstehens innerer Körpergefühle

Jedes innere Körpergefühl ist mit Achsverlegungen verbunden.
Man darf sich die innere Verachsung im Körper nicht starr und einheitlich denken. Die im Punkt 1 angeführte Willensachse (Groß-Kleinhirn) ist nur die Haupt-Willensachse und selbst wiederum in zahlreiche Teil-Willensachsen zerspalten. Außerdem hat das Sonnengeflecht ebenfalls eine große Anzahl Neben-Fantasieachsen, allerdings bei weitem nicht so zahlreich wie die Gehirnmassen im Kopf, da ja diese zwei vollständige Pol-Projektionen darstellen.
Das innere Achsenspiel im Körper ergibt nun den Wechsel des inneren Körpergefühls. Bekanntlich ändert sich unser inneres Körpergefühl ständig, obgleich normal schwach, nur bei großen Aufregungen stark und rasch.
Das im Punkt 3 angeführte innere Körpergefühl, veranlasst durch Strahlungsdrücke, kann man als statisches, das hier behandelte (durch Achsverschiebungen hervorgerufene) das dynamische innere Körpergefühl nennen.

In Bezug auf letzteres sei hier Folgendes erwähnt:
Physischer Schmerz entsteht durch Achszerreißung, wenn beispielsweise der Arbeitspol (im Kopf das Kleinhirn) dem Kommandopol (im Kopf das Großhirn) nicht gehorcht, es entsteht dann Kopfweh. In der Umgebung der Hauptpole sind daher die schmerzempfindlichsten Stellen des Körpers, während die Kopfpole selbst (Großhirn) physisch schmerzunempfindlich sind, erst infolge ihrer Verachsung kann je eine Schmerzfähigkeit entstehen.
Schmerzbetäubungsmittel (Morphium usw.) lösen Achsen auf, demnach auch zerrissene Achsen. Sie nehmen zwar physischen Schmerz, schwächen aber die innere Verachsung des Körpers.
Parallele Achsvermehrungsvorgänge geben das Gefühl innerer Erweiterung, Ausdehnung, Befreiung.
Parallele Achsverminderungsvorgänge hingegen das Gefühl der Beengung.

6. Normales Arbeiten der Achsen

Es soll eine Achse voll arbeiten, die andere derweil mehr ausruhen. Vorgänge, bei welchen beide Achsen stark arbeiten (beispielsweise Schnelllauf), sind immer anstrengender.
Wir verwerten für die Fantasieachse mehr den Vorstellungspol im Kopf als den Naturpol im Sonnengeflecht, wobei letzterer aber bei manchen Tierarten (Zugvögel) sehr stark ausgebildet ist.
Das Sonnengeflecht gibt uns einen automatischen Orientierungssinn. Gerade die technische Schwierigkeit des Gehenlernens liegt in der komplizierten Achstätigkeit bei demselben.

7. Achsentechnik und Psychometrie

Die Achsentechnik hat mit der Psychometrie (Beurteilung von Personen nach den Gegenständen ihres Besitzes) mannigfaltige Berührungspunkte.

Zu allererst sei daran erinnert, dass alles Physische, das heißt etwas „natürlich Wirkungsfähige“, also etwas Sichtbares, Greifbares etc. doppelt, aber lösbar verachst ist (Kombination zweier verschiedener Achseinflüsse), während hingegen etwas Psychisches (dessen Projektion) zwar auch doppelt verachst ist, aber in sich *unlösbar*!
Für Auspendelung von Gegenständen ist der Umstand maßgebend: Dass jeder Gegenstand, den wir bei uns tragen, den wir beachten (ansehen), sekundäre psychische Projektionsabspaltungen erhält und zwar umso mehr, je mehr unsere Aufmerksamkeit hierauf gerichtet ist.
Es ist daher scharf zwischen rein physischen und sekundär psychischen Auspendelungsfiguren von Gegenständen zu unterscheiden.
Die äußere Figur kann in manchen Fällen gleich sein (Ellipse), daher ist das Auspendelungsresultat in derartigen Fällen nicht *eindeutig*!
Beispielsweise ergeben handgemalte Bilder oft Ellipsen als Auspendelungsfiguren, die zumeist den psychischen Achsspaltungen des Malers zuzuschreiben sind.
Maßgebend ist hier auch neben der objektiven Sachlage die subjektive Gefühlseinstellung des Pendlers, daher können zwei Pendler bei denselben Objekten manchmal verschiedene Auspendelungsfiguren erhalten!
Ziemlich verwickelt sind die Achsverhältnisse bei Fotografien:
Diese erhalten zunächst starke physische Fantasieeinflüsse (Bildprojektion der betreffenden Persönlichkeit). Außerdem aber sekundäre psychische Abspaltungen (elliptisch, doppelt verachst) der betreffenden Persönlichkeit.
Erstere bleiben bei dem Bild der Fotografie unverändert, solange, wie die Fotografie, das Bild als materielles Aggregat, hält. Letztere hingegen werden mit dem Tod der betreffenden Person pendelungs-inaktiv. Das heißt, die sekundären psychischen Achs-Abspaltungen treten zugleich mit der gestorbenen Person aus unserem Welt-Lebenskreis heraus, da ja dieselben mit der betreffenden Persönlichkeit immer in Achsen-Kontakt bleiben.
Kompliziertere Auspendelungen, beziehungsweise deren Ausdeutungen, hängen in erster Linie von dem grundverschiedenen Verhalten physischer und psychischer Auspendelungsfiguren ab.

8. Strahlung von Metallen

Metalle im Allgemeinen sind auf den Bewegungspol (Fußpol) der physischen Willensachse eingestellt.
Metalle sind demnach gute Kraftabgeber, aber nur dann, wenn dieselben „gereizt“ werden, was mit Hilfe der verschiedensten Mittel erfolgen kann.
Die erste Grundeinteilung der „Reizmittel“ für Metalle ergibt das Grundprinzip: aktiv oder passiv.
Allbekanntes aktives Reizmittel für Metalle ist der elektrische Strom (elektrische Strahlungsphänomene in luftleeren Röhren etc.).

Diesen positiven „elektrischen“ Reizungen stehen die negativen „magnetischen“ Reizungen polar entgegen.

Die echte „passive“ Reizgebung eines Metalls kann durch dessen äußere Formgebung erfolgen (Ring, Kette), doch tritt dieselbe nicht deutlich zu Tage, da unser äußeres Leben mehr auf Aktivität als auf Passivität eingestellt ist.

Hingegen spielen die Umformungsreize eine große Rolle: Verwandlung von Aktivität in Passivität (Elektromagnetismus) und von Passivität in Aktivität (Metall-Strahl-Apparate).

Ersteres erfolgt bekanntermaßen durch Umlauf eines elektrischen Stromes um einen Metallkern (wobei insbesondere das Metall Eisen „magnetisierbar“ ist, es gibt aber auch magnetische Legierungen).

Letzteres kann erfolgen, indem der Metallkette eine aktive Form gegeben wird (Spirale, Achterfigur etc.).

Im Allgemeinen hat man demnach zu unterscheiden:

A. Primäre Aktivität:	Elektroaktivität
B. Sekundäre Passivität:	Eisenmagnetismus
C. Primäre Passivität:	Öfter als „tierischer Magnetismus“ bezeichnet
D. Sekundäre Aktivität:	Eigenstrahlfähigkeit.

Das Dreiachsen-Problem

Das räumliche Grundachsensystem hat *drei* Einzelachsen.

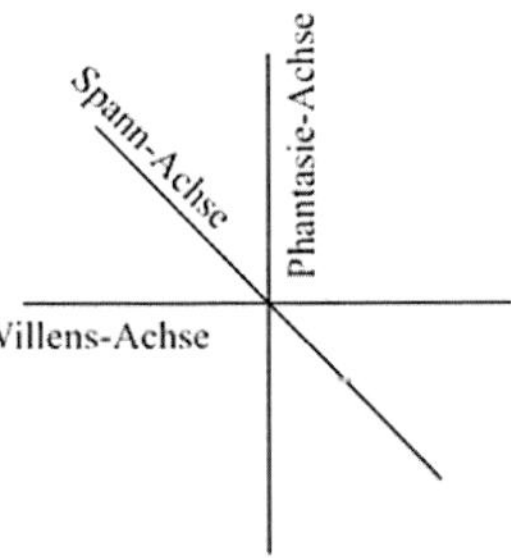

Demnach tritt zur Willensachse und Fantasieachse noch die dritte Achse hinzu: die *Spann*-Achse!

Im Körper projiziert sich diese dritte Achse in der Verbindungslinie beider *Ohren* (insbesondere im Schneckengang des Ohres lokalisiert).

Eine Achse allein gibt einen Einfluss, erst zwei eine Wirkung. Daher ist die Tätigkeit des inneren Ohres ein spannender Einfluss, der sich zu einer Wirkung erhöht, wenn eine weitere Achse hinzutritt.

Gefühl des Aufrechtstehens etc. ergibt Kombination: Spann- und Willensachse.

Normales Sehen ist Wirkung der Willens- und oberen Fantasieachse (letztere vom Vorstellungspol im Hinterkopf ausgehend).

Eine starke Willensachse und eine starke Spannachse können miteinander auch eine Art Sehen ergeben, aber mehr eine Art Spiegel-Sehen (Erkennen der von Gegenständen zurückgespiegelten Strahlen).

Ergibt bei geschlossenen Augen den Eindruck halbheller Gegenstände.

Noch schwerer ist das Spiegelsehen mit den Fingerspitzen: Lesen eines verschlossenen Briefes durch Auflegen derselben auf den Briefumschlag. Hierbei muss die Willens-Hauptachse bis zu den Fingern verlängert und gespannt werden.

Andererseits kann sich aber die Spannachse mit der unteren *Fantasieachse* (vom Naturpol: Sonnengeflecht ausgehend) kombinieren: Ergibt dann Orientierungs-Sicherheit beim Gehen und Laufen.
Das gegenseitige Zusammenarbeiten der einzelnen Achsen ist das Grundprinzip jeglicher äußerer Tätigkeit. Da es rasch und oft wechselt, ist dessen Grundanalyse oftmals erschwert.
Insbesondere bei manchen Tierarten, beispielsweise Hunden, kann man dieses Achsenspiel auch äußerlich deutlich beobachten:
Ein Hund, der schläft, hört ein Geräusch.
Er richtet sich halb auf und „spitzt" die Ohren: Das heißt, er spannt die Spannachse zwischen beiden Ohren.
Nun sieht oder riecht er beispielsweise eine Katze: Er springt auf, streckt die Beine und knurrt: Er spannt die untere Fantasieachse, um gute Direktion zu bekommen, wenn er es für notwendig findet, auf das feindliche Tier loszuspringen.
Der Hund arbeitet stark mit Spann- und unterer Fantasieachse.
Anders die Katze, welche mehr die obere Fantasieachse im Kopf (Vorstellungsachse) verwendet.
Daher erscheint uns das Benehmen einer Katze von dem eines Hundes grundverschieden zu sein. Beide arbeiten eben äußerlich auf Grund ihres angeborenen Hauptachsen-Verkettungsspieles.
Tiere sind äußerst schwer umzupolen. Die schwierigste Dressur ist deshalb, das gewohnte Achsenspiel zu verändern, da Tiere im Achsenspiel sehr konservativ sind. Gerade deswegen ist aber bei Tieren das Achsenspiel äußerlich leichter zu beobachten.

Die Bedeutung des geraden Striches

Nachdem der Kreis als Ausdruck des pulsierenden Lebens erkannt worden ist, als verbindende Bewegung mit der Umwelt, ferner die Ellipse als Ausdruck einer Doppelpoligkeit, der Bezugnahme eines Zentrums auf ein anderes, muss auch der gerade Strich erklärt werden.
Nach meiner Einsicht bekundet er einfaches *Dasein*, einen *Zustand,* an dem keine *abändernden* Kräfte tätig sind, sondern nur schwächende oder verstärkende, was sich in der Kraft der Pendelstriche ausdrückt.
Betrachtet man etwa die gerade Verstandeslinie, so sagt diese: Es ist Verstand *vorhanden.* Dieser kann verstärkt oder geschwächt werden, sei es durch Besserung der Gesundheit, durch Wirkung von kosmischen Kräften einerseits, durch abträgliche Gesundheit und abträgliche andere Einflüsse andererseits. Ebenso bekundet der Querstrich über dem Großhirn eine krankhafte oder abnormale Beschaffenheit der Gehirnsubstanz, was sich in der Tätigkeit des Organs dann ausspricht.

Schluss der Einsendung.

Auffassungen über den Pendel

Die Zeitschrift „Volksheil“ von R. Gerling ist ja keine immer verlässliche Quelle und ich habe es selbst erfahren, dass es nicht durchzusetzen war, unwahre Behauptungen über „Zitate“ aus meinen Büchern zu berichtigen, die überhaupt nicht drin stehen. Allerdings hatte eine Frau Rosenberg-Sturm die unwahren Behauptungen veröffentlicht, an dieser Dame prallten wohl auch die Willenskräfte des Herrn Gerling ab. Ich weiß nun nicht, wo der folgende Brief des Herrn Pastor Hild in Rheydt abgedruckt ist, jedenfalls halte ich es für richtig, ihn meinem Buch anzufügen. Was der Aufsatz im „Volksheil“ enthalten hat, geht ja aus der Erwiderung deutlich hervor. Zudem hat Herr Pastor Hild eine so geschickte und klare Darstellung gegeben, dass sie es verdient, erhalten zu bleiben.

Überhaupt ist über den Pendel viel Überflüssiges in Zeitschriften veröffentlicht worden. Für Zitate Quellen anzugeben, ist eine Tugend, die den Leuten recht häufig abgeht.

„Ich hatte mich herzlich gefreut über die neu eingerichtete Ecke für den Pendel, erschrak aber einigermaßen über den ersten Absatz dort. Nach meiner Erkenntnis und Kenntnis ist die Darstellung, welche darin zum Ausdruck kommt, nicht nur schief und verdreht, sondern geradezu falsch. Der Artikelschreiber setzt ja, wie ich nicht anders annehmen kann, „riechen“ und „pendeln“ als artgleich auf eine Stufe. Wenn er das aber im Ernst meint, dann, verzeihen Sie, ist das barer Unsinn. Denn wie vollzieht sich der naturgemäße Vorgang in Wirklichkeit? Der Wald, die Wiese, das Kornfeld, die Rose riecht. Richtiger: Ich rieche die Rose, d. h. diese Gewächse lösen unvorstellbar kleinste Teilchen ihrer Stoffmasse von sich ab und stoßen sie aus in die Luft. Von der Luft aufgenommen, eingesogen und fortgetragen, werden sie beim Einatmen von Mensch oder Tier über das Flimmerfeld ihrer Nasenschleimhaut hingezogen. Hier berühren, bewegen, erschüttern sie diese Flimmerhärchen durch Feinstoffabgabe in einer ihnen eigenen Weise. Diese zartesten Stoffteilchen werden den unter ihnen liegenden Nervenenden mitgeteilt; dieselben geben die dadurch entstehenden Reize an ihren Mittelpunkt, die Hirnzentrale, ab, die sie als Lust- oder Unlustgefühl empfindet, welches man dann „Geruch“ nennt. Diese Geruchsempfindung setzt nun durch das Schaltwerk der Nerven den Körper in Bewegung, dem Hasen nachzuspüren, die Birnen am Baum zu suchen usw.

Was aber hat das mit dem Pendel zu tun? Beim Pendel ist es doch so: Hier quillt, wie man mit einiger Bestimmtheit wohl annehmen darf, von den Nervengängen und -strängen eine Od- oder Nervenstrahlenkraft aus dem Körper in den Pendel und sogleich wieder aus ihm heraus, um über einen darunter liegenden Gegenstand ausgeleitet zu werden, etwa wie wenn man einen Wasserkran (zum Reinigen) über einem Gefäß oder Gewächs aufdreht und laufen lässt. Der Gegenstand oder der Stoff, über den der Pendel gehalten wird, gibt aber *auch* Kraft ab; er strahlt ebenfalls aus. Also sagen wir kurz: Der Pendel sendet, gießt seine Kraft-

strahlen von oben nach unten auf den Gegenstand hinab, der Gegenstand wiederum die seinigen von unten her nach dem Pendel oben hinauf. Da, wo die beiden Kraftwellen sich wie gegeneinander gerichtete Wasserstrahlen treffen, entsteht etwas wie ein Wirbel. Derselbe bewegt den Pendel, stößt ihn im Kreis umher, lässt ihn Striche, Einbiegungen, Dreiecke und dergleichen machen. Das ist der Vorgang bei der Pendelung. Man könnte den Vorgang auch unter folgendem Bild darstellen: Der Pendel gleicht einer Lokomotive. Dann wird die Dampfkraft, welche die Maschine treibt, vom Nervenfluidum des Pendlers geliefert: Der Lokomotivführer aber, der die Richtung und Fahrgeschwindigkeit festsetzt, ist die Ausstrahlung des bependelten Gegenstandes. Das Gleichnis hinkt, hinkt sogar sehr. Es ist auch recht plump, aber der vergleichende Punkt springt klar ins Auge.
Hier gehörte noch Verschiedenes zur Klärung und Erklärung hergesetzt zu werden; aber das Gesagte genügt schon vollkommen, um die Frage noch einmal zu wiederholen: Was hat „riechen" mit „pendeln" an äußeren und inneren Vorgängen gemeinsam, dass man beides zu einander in Parallele setzen darf? Ebenso gut könnte man dann vielleicht auch das Bein eines Droschkengauls mit dem Rad eines Autos in gleiche Linie stellen, zumal sich doch beide wenigstens auf der Straße fortbewegen. Nein, mein verehrtester Herr Gerling, mit solcher Art von Wissenschaft *kann* ich nicht mit und *mache* ich nicht mit. Dagegen glaube ich nur Front machen zu müssen. Und dann – Altmeister Glahn! Ja, ich will ihm diesen Beitrag aus Nr. 1 zuschicken, fürchte aber, dass er kaum seinen vollen Beifall finden wird. Noch einmal, nehmen Sie es nicht übel, dass ich mich wehre, und seien Sie freundlichst gegrüßt von

K. Hild."

Seelendurchleuchtung

Der ukrainische Arzt Dr. Bißky hat einen Apparat erfunden, mit dem die Eigenschaften eines Menschen mechanisch zu erkennen sind. Das geschieht mittels der Elektrizität. Zunächst das Gipsmodell eines Kopfes mit etwa 100 bezeichneten Feldern, von denen jedes einzelne eine Eigenschaft oder Charakter anzeichnet, nämlich im Gehirn, darunter soll das Organ dafür liegen. Die Schädeldecke soll eine unterschiedliche Durchlässigkeit unter diesen Feldern haben. Mit dem Strom wird die Durchlässigkeit gemessen und daraus der Schluss gezogen. Es kann das Ergebnis auch durch Zwischenschaltung eines Telefons hörbar gemacht werden. Offenbar rumoren die Gedanken und Charakteranlagen in ihrer Zelle in kaum zu entschuldigender Weise. Nicht weniger als 1–20 Stärkegrade können für die einzelnen Eigenschaften erkannt werden. Die Gall'sche Schädellehre[14] kommt demnach wieder zu Ehren.

---

[14] Gall'sche Schädellehre, auch Phrenologie: Von dem deutschen Arzt Franz Joseph Gall (1758-1828) begründete Lehre, die die Eigenschaften, den Charakter des Menschen in Be-

Jedoch ... nicht nur Graf Arco[15] leugnet die Möglichkeit einer richtige Messung, auch Prof. Sommer, Psychiater in Gießen,[16] lehnt das Verfahren mit sachlicher Begründung ab. Es ermangle der Objektivität und gebe dem Untersuchenden einen Einfluss auf das Ergebnis.

Das ist es ja, was auch den Pendlern vorgeworfen wird, und ich bezweifle durchaus nicht die Berechtigung bei einzelnen Pendlern, deren Fantasie zu beschwingt ist. Darum ist es sehr bemerkenswert, was Prof. Dr. Werner von der Hamburger Hochschule dazu schreibt:

---

ziehung zur jeweiligen Schädelform setzt. Gall unterschied 27 affektive und intellektuelle Vermögen, die, in bestimmten Bereichen des Gehirns lokalisiert, Einfluss auf die Schädelform haben sollten. Er selbst nannte seine Lehre Kraniologie oder Organologie. Eine spätere Bezeichnung ist Kranioskopie. Der Ausdruck Phrenologie wurde von Galls Schüler G. Spurzheim eingeführt. Zitiert nach: http://www.sphinx-suche.de/lexpara/phrenolo.htm. (rs)

15 Vermutlich wird hier auf Georg Graf von Arco verwiesen. Der Name Arco hatte in der Funktechnik einen ähnlichen Klang wie der Marconis. Beide haben hervorragende Verdienste um die Entwicklung der Hochfrequenztechnik, und beide standen an der Spitze führender Industrieunternehmungen. ... Als Assistent Slabys hatte er hervorragenden Anteil an der Entwicklung des Systems Slaby-Arco, das von der AEG zur praktischen Auswertung angenommen wurde. Es hatte einen harten Wettstreit dem von Siemens & Halske Vertretenen System des Professors Braun zu bestehen, ein Streit, der erst durch die Gründung der Telefunkengesellschaft beendet wurde, die beide Systeme für die Weiterentwicklung ausnutzte. 1903, am Gründungstage von Telefunken, wurde Arco technischer Direktor dieser Gesellschaft, eine Stellung, die er bis 1931 innehatte. Arco hat nicht nur eine Reihe wichtiger Verbesserungen angegeben, sondern es auch verstanden, der Gesellschaft fähige Mitarbeiter zu sichern und dadurch die führende Stellung seiner Gesellschaft zu behaupten. Stets hat er sich für erfolgversprechende Gedanken eingesetzt. So erkannte er u. a. klar die großen Vorzüge des von Max Wien angegebenen Löschfunkensenders. Große Aufmerksamkeit widmete er der Hochfrequenzmaschine, die lange Zeit eines der wichtigsten Hilfsmittel zur Erzeugung ungedämpfter Schwingungen war, bis sie schließlich durch die immer mehr verbesserten Röhrensender abgelöst wurde.
Quelle: http://www.radio-praktiker.de/html/arco.html. (rs)

16 Im April 1904 wurde die „Deutsche Gesellschaft für Psychologie" als „Gesellschaft für experimentelle Psychologie" in Gießen gegründet. Der Gießener Professor für Psychiatrie, Robert Sommer, hatte alle an Psychologie Interessierten zu einem Kongress an seine Universität, die damalige „Ludoviciana", eingeladen. Der Kongress fand vom 18. bis 21. April 1904 statt. 112 Teilnehmer kamen nach Gießen. Die Teilnehmer vertraten ganz verschiedene Fächer, weil es um diese Zeit noch kein eigenständiges Fach Psychologie gab. So kamen aus den Medizinischen Fakultäten Physiologen und Psychiater, aus den Philosophischen Fakultäten Philosophen und andere an der Wissenschaft Psychologie Interessierte nach Gießen. Dieser Kongress begründete auch die Kongresse für Psychologie, die heute noch regelmäßig durchgeführt werden – so im Herbst 2004 in Göttingen. Am 20. April 1904 gründeten – wie vorher bereits vereinbart und angekündigt – die Teilnehmer des Kongresses in Gießen eine wissenschaftliche Gesellschaft. Sie erhielt den Namen „Gesellschaft für experimentelle Psychologie". Diese Gesellschaft änderte im Jahr 1929 ihren Namen in: „Deutsche Gesellschaft für Psychologie".
Zitiert nach: http://www.interconnections.de/cgi-bin/db_site_idw.cgi/site_1281/id_3558/dertag_2004-03-26. (rs)

„Dennoch kann nicht geleugnet werden, dass dieses Verfahren, wenngleich es in vielen Fällen vollständig versagte, in einer ganzen Reihe anderer Fälle *zu richtigen Ergebnissen geführt hat.* Gewiss muss dies aber nun dem Laien am merkwürdigsten erscheinen: Eine Methode, die nicht objektiv ist, die physikalisch unmöglich ist und unter Umständen richtige Ergebnisse zeigt! Die ganze Angelegenheit wird ihrer Besonderheit enthoben, wenn wir Folgendes bedenken: Der Apparat, der zur Feststellung des Charakters dient, ist nicht bloß ein physikalischer, sondern in ihm ist *einbezogen der Versuchsleiter selbst.* Denn, wie wir eben gefunden haben, liegt es zugleich an der Handhabung des Apparates durch den Versuchsleiter, welche Geräuschstärke er für jeden Schädelpunkt findet. Dieser Versuchsleiter ist also sozusagen selbst ein Teil des Instrumentariums. *Durch unbewusste intuitive Erkennung des Charakters der Versuchsperson, die vor ihm sitzt, regelt er unwillkürlich, ohne dass er es selbst weiß, die Druckstärke.* Erscheint ihm eine Versuchsperson besonders energisch, dann drückt er unwillkürlich mit seiner Elektrode stärker auf den Schädelpunkt, der der Willenskraft entspricht; das Resultat ist dann natürlich „große Energie".
Der Psychologe *Sternberg* macht, wie ich glaube, mit vollem Recht, darauf aufmerksam, dass die psychologischen Verhältnisse *hier* ähnlich liegen dürften wie bei der *Wünschelrute.* Der Rutengänger fühlt – ihm selbst unbewusst – auf Grund seiner sensiblen Veranlagung, dass hier oder dort eine Wasser- oder Kohlenstelle sei. Diese Empfehlung pflanzt sich ohne weiteres in das von ihm mit beiden Händen gehaltene Instrument (gewöhnlich ein gegabelter Zweig) fort: Die Rute zeigt einen Ausschlag. Derartige, bloß durch die Intuition geleitete, unbewusste Bewegung vermag möglicherweise auch den „Elektrodiagnostiker", falls er wirklich ein *Menschenkenner* ist, zu befähigen, „richtige" Tonstärken und damit richtige Charakterdiagnosen zu erzielen.
Alles in allem lehrt also das Verfahren der „Seelendurchleuchtung" nichts anderes als dies: Ein so kompliziertes seelisches Gebilde, wie es der menschliche Charakter ist, wird sich wohl kaum jemals durch verhältnismäßig grobe physikalische Mittel erschließen lassen. Es bedarf der behutsamen, *auf das Totale gerichteten Intuition des intimen Kenners*, um ein einigermaßen zureichendes Bild der Persönlichkeit zu erhalten."
Mit dem Schlusssatz kann ich mich einverstanden erklären. Die Überschätzung der Apparate und Unterschätzung der eigenen Sinne ist derzeit wissenschaftlicher Gebrauch. Neu ist ja die These nicht, dass der Pendel lediglich durch das Unterbewusstsein des Pendlers bewegt wird. Es liegen freilich Versuche vor, die das Gegenteil beweisen, nämlich das Vorhandensein von strahlenden Kräften in den Objekten, die aus sich heraus den Pendel bewegen. Auch ist es erwiesen, dass eine elektrische Kraft die Betriebskraft für den Pendel liefern kann.
Zweifellos vermag das Unterbewusstsein, falls dieser Name hier richtig angewendet ist, die Pendelbahn zu beeinflussen, aber es muss es nicht und unsere Ausbildung hat den Zweck, diese unberufene Einmischung vom Pendler auszuschließen.

Schließlich können auch die Psychiater ihre eigene „Intuition“ bei der Untersuchung ihrer Kranken nicht ausschließen, soll deshalb deren Arbeit wertlos und nur der maschinelle Automat einwandfrei sein? Dafür fehlen doch noch Beweise, denn derart feine Apparate sind auch sensibel gegenüber Einstrahlungen.

Zur Erforschung des Charakters

In einem bei Braumüller, Wien, erschienenen Buch „Der Aufbau des Charakters, Elemente einer rationalen Charakterologie des Menschen“, versucht Hans *Apfelbach*[17] dem Problem menschlicher Wesensbildung auf den Grund zu gehen, indem er eine Art Spektralanalyse des Charakters vornimmt. Apfelbach geht dabei von der Voraussetzung aus, dass der Charakter eine Zusammensetzung messbarer Größen und Kräfte darstelle und daher gleich einem physischen Körper in seine Bestandteile zerlegbar sei. Der Autor unterscheidet fünf „fundamentale Dimensionen“ des Charakters:

1. die Geschlechtlichkeit,
2. die Psychomodalität,
3. die Emotionalität,
4. die Moralität,
5. die Intellektualität.

Diesen fünf Hauptdimensionen des Charakters gliedert er aber noch eine sechste an: die *akzessorischen*[18] Charakterelemente. Hier werden jene Merkmale der Individualität eingereiht, welche sich mit der fünfdimensionalen Grundformel nicht erfassen lassen und jeder weiteren Reduktion widerstreben. Apfelbach gibt damit zu, dass es Imponderabilien[19] in der Seele gibt, unkontrollierbare Beimengungen, die dem Gesamtwesen sein charakteristisches Gepräge geben. So ist es also möglich, dass mehrere Individuen aus qualitativ und quantitativ gleichen psychischen Grundstoffen zusammengesetzt sind und in ihrem Charakterbild dennoch stark voneinander abweichen. Die Elemente sind die gleichen, das Gesamtbild ist verschieden.

Was Apfelbach erstrebt, kann mit dem Pendel verwirklicht werden, da dieser in der Tat bei den materiell gleichartigen Körpern die Unterschiede in den von ihm angeführten „Spektralfarben des Charakters“ aufdeckt. Die Geschlechtlichkeit steht gleich am Beginn einer Auspendelung, ohne weiteren Auftrag stellt der Pendel diese fest. Dann jedoch folgt beim Pendel der fünfte Punkt, die Intellek-

---

[17] Das Buch „Das Denkgefühl. Eine Untersuchung über den emotionalen Charakter der Denkprozesse“ von Hans Apfelbach, erschienen 1922 im Braumüller Verlag Wien-Leipzig, ist antiquarisch erhältlich. (rs)

[18] Akzessorisch *(lateinisch)* bedeutet hinzutretend, nebensächlich. (rs)

[19] Imponderabilie ist ein veralteter Begriff für unwägbare Einflüsse oder nicht vorhersehbare Risiken. (rs)

tualität. Nun zeichnet er das Seelenleben und die Moralität und daraus ergibt sich unter Beachtung der Ego-Linie die Psychomodalität. Die akzessorischen Charakterelemente stehen am Schluss.
Jedoch: Der Pendel analysiert noch eingehender, er zerlegt noch die Intellektualität in das Höhergeistige und in das Verstandesmäßige. Er zeichnet die Geschlechtlichkeit in allen Feinheiten, zerlegt das Seelenleben, stellt das Überwiegen von Ober- und Unterbewusstsein fest.
Vorläufig ist keine Möglichkeit bekannt, die „Imponderabilien" der Seele so eingehend zu ermitteln, wie durch den Pendel.
Kann der Chemiker einen Unterschied erkennen zwischen einem Körper, der richtig oder verkehrt polarisiert ist? Nein! Kennt er die Wirkung dieser Geburtsanlage auf Gesundheit und das ganze Leben? Nein! Jede Möglichkeit des Pendels stellt andere ähnliche Fragen!
Und nun die „Moralität"! Ich gestehe, dieses Wort ist mir immer sehr fade und ärgerlich vorgekommen. Die Beschäftigung mit dem Pendel rührt an unsere eingepaukten „moralischen" Begriffe. Zumal, wenn der Pendler auch noch die Kenntnisse von den Wirkungen der kosmischen Kräfte hat. Es ist so schrecklich leicht, moralische Reden zu halten und so schwer zu begreifen ... für den Moralpauker, versteht sich! ... dass er etwas verlangt, was unmöglich ist. Ehe jemand die Betätigung des berüchtigten *freien Willens* verlangt und auf diese Forderung Strafgesetze baut, müsste er das Vorhandensein beweisen. Der Pendel unterscheidet willensschwache von willensstarken Menschen. Die Strafgesetze setzen einen Normalmenschen voraus, der überhaupt noch nie gelebt hat. Es gibt keinen Menschen, der je im Sinne der Gesetze straffrei das Leben durchlebt hätte, weil die Gesetze gar nicht der menschlichen Natur angepasst sind. Folglich gibt es nur „moralische" Personen, die nicht gefasst worden sind, und solche, die das Pech hatten, gefasst zu werden. Also ein ganz verlogener Zustand.
Der Pendel erschließt die Möglichkeit, überall die vorhandene „Moralität" festzustellen. Nur ist er ehrlich: Er gibt die natürlichen Gründe für den bestehenden Zustand an, er zeigt auch Vererbung an, das namentlich in Verbindung mit Astrologie, ist aber nicht so unmoralisch zu sagen: Du wirst gestraft für Sünden Deiner Vorfahren.
Der Pendler muss notwendigerweise zu einer höheren Auffassung der menschlichen Zustände und Verantwortungen kommen, *er* wird milde im Urteil im selben Maße, als er die Bedingungen der Veranlagung erkennen lernt.
Das „Erkenne dich selbst und du erkennst die anderen!" erschließt sich dem Pendler in der vollen tiefen Bedeutung!
Möchten doch recht viele Personen, die berufen werden, Gesetze zu geben und die Menschen zu richten, eifrige Pendler werden, unausdenkbar wäre der Nutzen für das Zusammenleben der Menschen!

Die Felder

Als Linie des vegetativen Lebens haben wir den waagerechten gleichmäßig ruhigen Anschlag erkannt. Wir finden diesen Anschlag z. B. bei den Pflanzen und bei Mensch und Tier über den Fortpflanzungsorganen.

Wir Menschen haben aber Kräfte, welche den Pflanzen fehlen, welche über und unter dieser Linie liegen: das *Wachbewusstsein* und das *Unterbewusstsein.* Beide hängen zusammen wie Tag und Nacht, Licht und Schatten. So liegt das Gedächtnis im Unterbewusstsein, die Gedanken des Wachzustandes sinken hinunter und werden bei Bedarf wieder hervorgeholt. Darüber mehr an anderer Stelle.

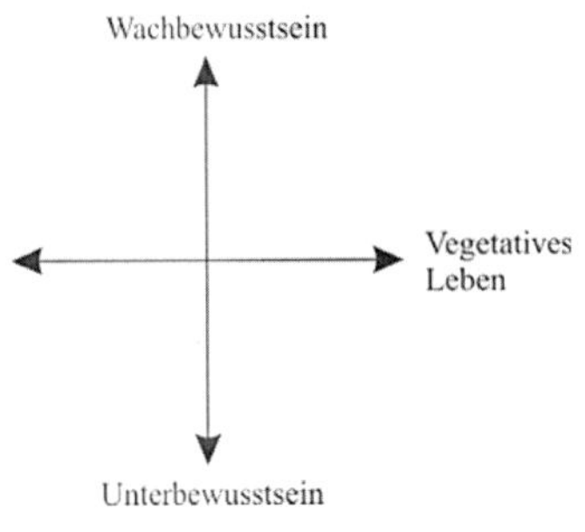

Das merken wir uns leicht.

Die Zergliederer unter den Ärzten haben folgendes herausgefunden: Die Nerven für die rechte Körperhälfte liegen auf der linken Körperseite und umgekehrt. In der Mitte geht durch den Körper eine neutrale Linie, über welcher der Pendel senkrecht zu dir pendelt. Wir zeichnen also weiter:

Eine andere Erfahrung besagt: Die rechte Gesichtshälfte zeigt den Einfluss des Geistes, die linke die der Seele. Jeder Fotograf weiß das und da die seelische Kraftgestaltung meistens die geistige Kraft überragt, ist die linke Gesichtsseite charakteristischer, meistens größer. Daher wird diese vorzugsweise fotografiert. Wird die rechte Seite gewählt, so fehlt dem Bild beim Durchschnittsmenschen die Ähnlichkeit. Er hat ja keine geistige Seite ausgebildet. Daher haben wir Geist und Seele bei rechts bzw. links geschrieben. Wir werden also die Anschläge des geistigen Lebens auf der rechten Seite, die Äußerungen der Seele auf der linken Seite zu suchen haben.

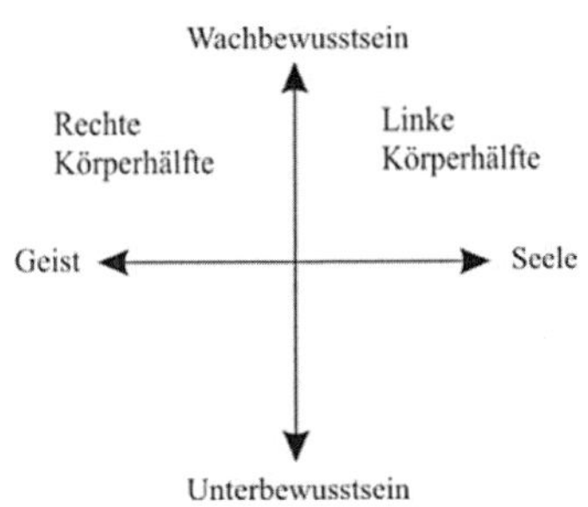

Wenn der Pendel nach der rechten Seite hinneigt, so ist das geistige Leben ausgeprägt, hingegen, wenn der Pendel sich nach links wendet, so ist das Gefühlsleben herrschend, wobei nur ein mäßiger Verstand und geringe geistige Neigungen vorhanden sind.

Es sei nur daran erinnert, dass bei geistig Tätigen die rechte Gesichtsseite ebenso breit oder breiter als die linke Hälfte ist. Immer ist jene Gesichtsseite am stärksten, die das eigene Wesen zum Ausdruck bringt. Der Pendel soll nicht nur über die Nasenwurzel gehalten werden, sondern auch rechts und links seitwärts. Dasselbe ist begreiflicherweise auch bei der Auspendelung von Briefen zu beachten,

fehlt da auch das Gesicht, so vermag der Pendler dennoch dieselben Auskünfte zu erhalten.
Der Größenunterschied kann schon bei Kindern 1/5 der Breite betragen.
Jetzt unterscheiden wir, beginnend mit der rechten Körperhälfte auf der Linie des vegetativen Lebens

oder in Feldern dargestellt:

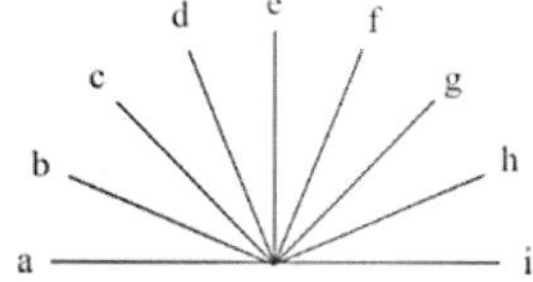

Zur Erklärung dieser Stücke sei gesagt:

a) Ist genügend erklärt als diejenige Lebenskraft, die Erhaltung des Körpers und seiner Funktionen zum Zweck hat.
b) Wenn das Denken, der Geist, durch das vegetative Triebleben beeinflusst wird, so kommt ein ungesundes Produkt heraus, z.B. falsch geleiteter Geschlechtstrieb, Knabenliebe, Homosexualität, mit *versuchter ethischer Begründung*;
c) ist der reine Geist, das abstrakte Denken, Logik, Philosophie, *Vernunft*;
d) ist der *Verstand*, wie er im täglichen Leben angewendet wird, also konkretes Denken. Dieses führt
e) zum Ich, dem *Selbstbewusstsein* in verstärkter Form als Herrschsucht, Überlegenheit, Stolz bekannt;
f) Wenn hier *Humanität* genannt wird, so ist das die rechte Vorstellung, Verstand und Gemüt verbinden sich zum „Wohlwollen aus Einsicht“;
g) hier haben wir das *reine Gemüt*, opferfreudig und selbstlos gehend, mit Bewusstsein dessen;
h) das *triebhafte Gemüt* finden wir in der Mutterliebe am besten verkörpert, dieses geht wieder über in
i) das *vegetative Leben.*

Ich behaupte: Der Pendel kann nur das anzeigen, was schon als Ergebnis wissenschaftlicher Forschung gesichert ist. Er zeigt diese genannten Eigenschaften durch entsprechende Anschläge tatsächlich an. Kein Fantasiegebilde wird hier aufgezeichnet, sondern eine Feldereinteilung, gestützt auf alle Erkenntnis.

Liegen nun, wie gesagt, im Innern die Knotenpunkte der Wirksamkeit für die rechte Körperhälfte auf der linken Seite, so sagen wir:

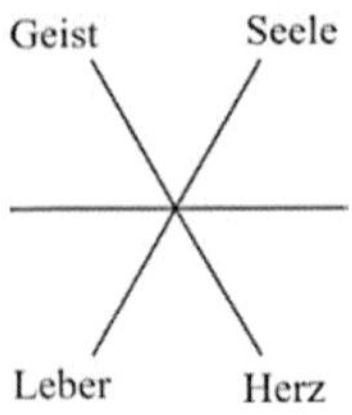

Wem „läuft die Leber über"? Wem muss „die Leber abgeschleimt" werden? Demjenigen, dessen seelische Erregung das Maß überschreitet, dadurch zu unklugen Handlungen getrieben wird.
Wer ist großherzig? Dessen Geist niedere seelische Erregungen unterdrückt und in die Zukunft sieht, von dieser die Richtlinien zum vorliegenden Augenblick zieht und so handelt, wie die Zukunft es als richtig beurteilen wird. Diese Volksausdrücke kennzeichnen das Wesen der Seele.

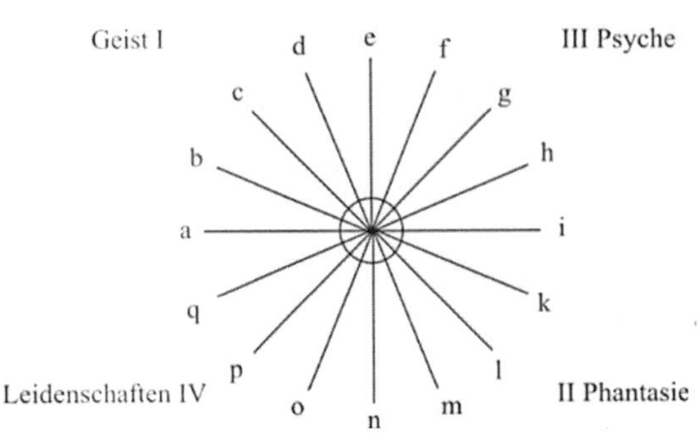

Wir ziehen jetzt die Linien b bis h durch und erhalten demnach einen 16-teiligen Stern oder 8 Achsen. Der Kreis erläutert je nach Stärke die Lebenskraft.
Die Linien führen vom Ober- oder Wachbewusstsein ins Unterbewusstsein! Die geistigen Linien des Quadranten I haben ihre Fortsetzung im Quadranten II, die seelischen Linien des Quadranten III haben ihre Fortsetzung im Quadranten IV. Auch ist es schon zum Bewusstsein gekommen: Diese Fortsetzungen ins Unterbewusstsein bringen uns die Nachtseiten des Daseins. Die so wirksamen, uns so unbekannten plötzlichen Regungen, die so schwer zu bemeistern sind, die meistens das Handeln negieren!
Es wird jetzt leicht, die untere Fortsetzung zu benennen:

Oberbewusstsein			**Unterbewusstsein**
b:	falsches Triebleben mit Bewusstsein	= k:	krankhafte Träume, falsches Triebleben ohne Bewusstsein.
c:	Vernunft	= l:	Kunst, Inspiration, geistige Ideen.
d:	Verstand	= m:	Organisation, Konstruktion, Erfindung, praktische Ideen.
e:	Ego-Selbstbehauptung	= n:	im oberen Teil Gewissen, im unteren Teil Besessenheit, Dämonismus.
f:	Humanität, Weiße Magie	= o:	Unterdrückung, Ausbeutung, Schwarze Magie.
g:	Gemüt	= p:	Härte, Rohheit, Gefühlskälte, bewusste Gesetzlosigkeit.
h:	triebhaftes Gemüt	= q:	Hass, wilde Affekte, Mordneigung usw. aus aufgepeitschten Leidenschaften, Rache.

Jetzt ziehen wir um den Mittelpunkt einen Kreis, dieser stellt den materiellen Körper dar in seiner Gesamtkonstitution, also ob er jung oder alt, zunehmend oder abnehmend in der Lebenskraft ist.
Dieses Schema ist ganz fest einzuprägen und zu erproben, indem jetzt ein Gegenstand abgependelt wird. Verlange die Eigenschaften, der Pendel schlägt die Linie an, wenn sie vorhanden ist. Beginne mit deiner eigenen Handschrift!
Der Pendel schlägt immer über den Mittelpunkt hinaus in das gegenüberliegende Feld, aber deutlich ist die Empfindung der Schwungkraft, die das verursacht. Hingegen ist bei den Impulsen deutlich zu spüren, nach welcher Seite sie drängen. Wird die gegenüberliegende Seite verlangt, also vom Gemüt überspringend auf Härte, Gemütskälte, und diese Eigenschaften sind nicht vorhanden, dann geht der Pendel in Ruhestellung über.
Auf die Frage nach der Lebenskraft antwortet der Pendel mit Kreislinien. Bei Kindern sind diese sehr lebhaft, bei Greisen klein und schwach. Ebenso unterscheiden sich Gesunde von Kranken durch kraftvollere Linien. Für das Ausmaß gewinnt der eifrige Forscher bald die richtige Einstellung.
Wird dieses Grundschema völlig beherrscht, so fällt es leicht, dieses in Gedanken über jeden zu untersuchenden Gegenstand zu denken. Mit großer Sicherheit kann dann auf jede Frage eine zutreffende Auskunft erhalten werden. Niemand kann erfolgreich weiter schreiten, der dieses Schema nicht vor Augen hat. Denn wir erhalten im Pendeldiagramm noch andere Linien, die hier noch keine Erklärung gefunden haben, nämlich die Ellipsen, die zuweilen einen ganzen Blütenblätterkranz zeichnen. Diese finden sich bereits in der ersten Veröffentlichung von Fr. Kallenberg, erklärt sind sie bis heute nicht. Wer das Felderschema im Kopf hat, kann mir folgen auf das Gebiet der

Kombinationen

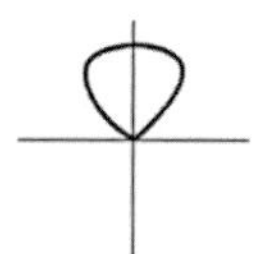

Wir analysieren die Eigenschaft *„Ehrlichkeit“*. Diese setzt voraus: Selbstachtung, Klugheit, Humanität, Güte, Vernunft. Frage ich nach der Ehrlichkeit, muss sich somit eine Figur bilden, welche *c, d, e, f, g* einschließt. Da hätten wir *ein* hübsches Rosenblatt.

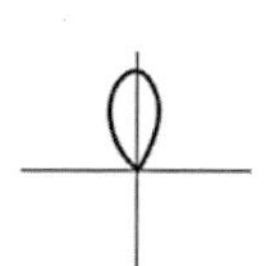

Ich fahre fort:
Vorsicht. Verstand und Humanität, Rücksicht auf andere Menschen beeinflussen das Ego: *d, e, f* werden verbunden.

Bedachtsamkeit hat dieselbe Anlage, nur etwas fülliger, sie greift schon in die Felder *c* und *g* hinüber.

Schlauheit. Das Ego nimmt den praktischen Verstand völlig in Anspruch. Es kann noch etwas Humanität dabei sein, Bedingung ist es aber nicht.

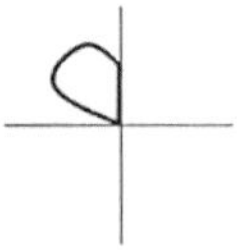

Klugheit. Vernunft, Verstand und Ego verbinden sich.

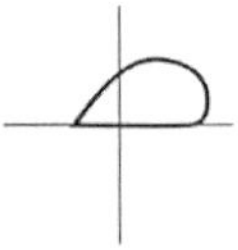

Mildtätigkeit. Das Ego spricht nicht mit, die Figur wurzelt noch in der Klugheit, umfasst aber Humanität und Güte, opferbereite Liebe.

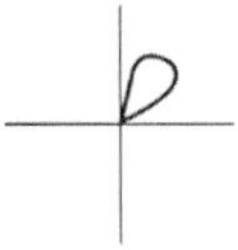

Duldsamkeit. Humanität und Güte.

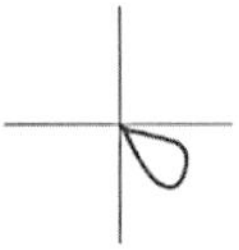

Trunkenheit. Das Diagramm spricht für sich *selbst.* Herabgesetzte Lebenskraft, zügellose Fantasie herrscht, das Wachbewusstsein ist abgestellt.

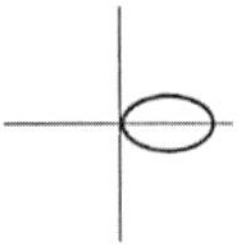

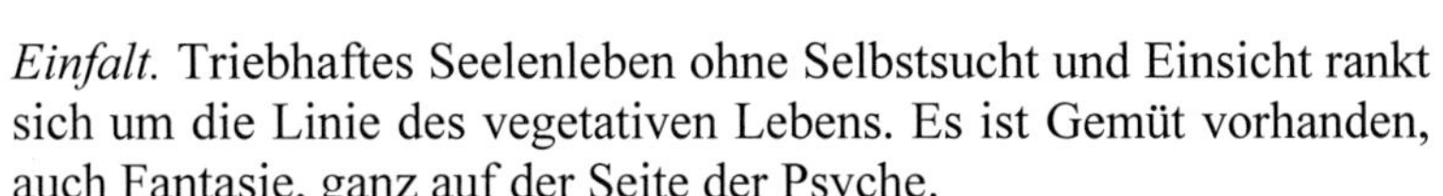

Einfalt. Triebhaftes Seelenleben ohne Selbstsucht und Einsicht rankt sich um die Linie des vegetativen Lebens. Es ist Gemüt vorhanden, auch Fantasie, ganz auf der Seite der Psyche.

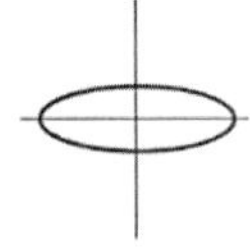

Naivität. Hier spricht der Geist bzw. Verstand schon mit, daher verbreitert sich die Kurve und drängt auf die geistige Seite hinüber. Immerhin ist das Triebleben noch vorherrschend.

Starke Impulse

Wer soweit fortgeschritten ist, wird jetzt auch die Impulse empfinden. Der Pendel schlage z. B. die Linie des Ego, also die Senkrechte. Hier finden sich folgende Möglichkeiten:

1. Der Pendel schlägt ruhig und gleichmäßig.
2. Der Pendel schlägt nach oben heftiger als nach unten, also ruckweise.
3. Der Pendel bekommt auf der Mitte nach oben den Ruck und schlägt dann heftiger nach oben hinaus, sich weiter drängend.

Deutung:

1. Der Mensch ist von Natur aus bescheiden, sich unterordnend.

2. Der Mensch ist von Natur selbstachtend, stolz, wünscht respektiert zu werden.
3. Der Mensch ist von Natur herrschsüchtig, rücksichtslos.

Wo in folgenden Darstellungen der Pendel den Anstoß erhält, ist durch → angedeutet.[20]

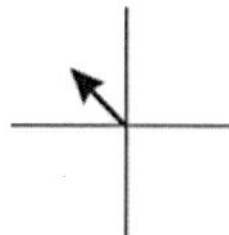

Geistiges Leben. Der höhere Intellekt (die Vernunft) ist tätig. Wird diese geistige Kraft stark benutzt, bei Gelehrten, Philosophen, Forschern und Denkern, so liefert der Pendel lange Serien dieser einen Linie. Also zählen!

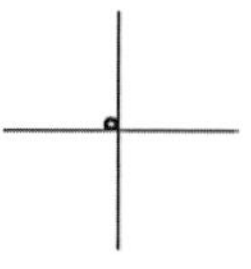

Stumpfsinn. Der Pendel zittert ohne eigentliche Ausschläge.

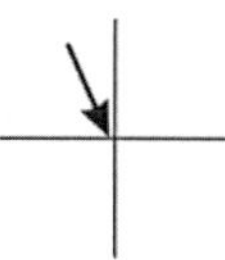

Praktischer Verstand. Das höhere geistige Leben betrachtet die Dinge unpersönlich, der praktische Verstand persönlich. Oft spielt Egoismus hinein und dann drängt sich die Linie noch aufrechter an die Senkrechte heran. Da findet sich dann schließlich der Übergang zum

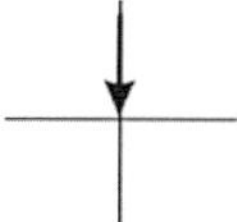

Egoismus als Charakterfehler. Die Linie des Ego, der Persönlichkeit, muss vorhanden sein, sonst ist keine normale Beschaffenheit vorhanden. Aber man möchte die höhere Zahl und Stärke der Ausschläge im Seelischen Quadranten finden. Selbstsucht kann eine triebhafte Anlage sein, Egoismus ist bewusst und vom Verstand beeinflusst.

Herrschsucht. Hier haben wir zwei Impulse! Der zweite sucht den Pendel über das Normale hinaus zu schleudern.

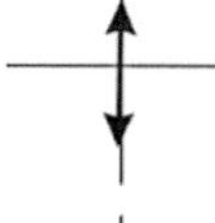

Besessenheit. Verlust der Selbstbeherrschung.

Vegetatives Seelenleben in Urform, die Körperfunktionen regelnd. (Pflanze) Triebleben ohne Besinnung.

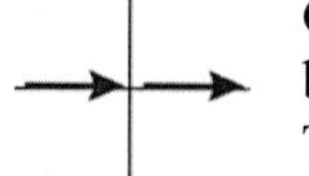

Geringere Körperfunktionen, das höhere Seelenleben ist stärker (wie bei Tieren).
Triebleben mit Besinnung und bewussten Affekten.

[20] Die Pendelgrafiken haben als Vorlage das Originalbuch von Frank Glahn. Auf Grund der teilweisen schlechten Qualität der Vorlage ist möglicherweise nicht alles originalgetreu nachgezeichnet worden. Der Verlag bittet das bei evtl. abweichenden eigenen Pendelversuchen zu berücksichtigen. (rs)

Dieses Grundschema mit seinen Beispielen kann unter der Hand des Forschers weit ausgedehnt werden. Wie diese Forschung vorzunehmen ist, habe ich gezeigt. Für den Durchschnittspendler ist das Mitgeteilte ausreichend, eine völlige Darlegung würde den Umfang des Büchleins zu sehr vergrößern und das Eindringen in den Stoff erschweren. Es soll immer noch ein Gebiet für eigene Tätigkeit offen bleiben, damit Fortschritte in der Erkenntnis möglich sind. Denn die meisten Menschen halten ein System für abgeschlossen und nehmen es ohne Prüfung hin, wenn es bis in die äußersten Spitzen durchgearbeitet ist. Vor solchen Systemen habe ich selbst ein geheimes Grauen, sie wirken lähmend auf die eigene Arbeit ein. Mein Büchlein soll aber anregen und die Freude am Forschen wach halten.

Die Macht des Gedankens

Der ureigentliche Bewegungsmotor im Menschen ist, abgesehen vom Drang des Körpers zur Befriedigung seiner der Erhaltung dienenden Bedürfnisse, der Geist. Die gern geübte Liebe zählt zu den genannten natürlichen Bedürfnissen. Alle Antriebe dieser Art führen zu körperlichen Reizzuständen und Sinneswahrnehmungen, nicht die des Geistes.

Unter dessen Herrschaft fällt jedes Tun und Denken, das über diese rein vegetative Notwendigkeit hinausgeht. Jede Idee, jede Vorstellung.

Diese Kraft ist nicht gleichmäßig ausgeteilt worden, hier erscheint sie als starker Motor, dort erstirbt sie schon im Anlauf. Dabei muss durchaus unterschieden werden zwischen „Vor-Denkern" und „Nach-Denkern". Die Vor-Denker sind die Finder neuer Vorstellungen und Ideen, sie liefern den Stoff für die Nach-Denker. Der Vor-Denker ist selbstschöpferisch, denn alle Schulen, alle Bildungsanstalten können keine Vor-Denker erzeugen und erziehen. Weshalb die bedeutendsten Vordenker schlechte Schüler gewesen sind. Diese Tatsache darf jedoch nicht zu einem umgekehrten Schluss missbraucht werden.

Die Geisteskraft der Vordenker ist meistens entweder auf die Tätigkeit scharfen Denkens gerichtet oder auf die Fähigkeit starker Vorstellungen. Künstler und Entdecker haben starke Vorstellungskraft, der Philosoph starke Denkkraft. In Mischung vermindert sich die Einzelkraft, es trifft dann die Gleichung zu $a: \frac{b + c}{2.}$

Diese Kräfte liegen im Unterbewusstsein.

Trennt man in Geist und Verstand, Kunst und Konstruktionsfähigkeit, so sind es die Pole zweier Linien, die sich auf der Waagerechten kreuzen: Geist oben = Kunst unten, Verstand oben = Konstruktionsfähigkeit unten. Damit soll gesagt sein, Geist und Kunst wären übermenschlich, Verstand und Konstruktionsfähigkeit irdisch-menschlich.

Die Ergänzung

Von der Frau habe ich gesagt, sie koche nur, was ihr gut schmeckt, also nach ihrem Verlangen, sie koche für sich.

Meine Frau erklärt: Es ist an sich richtig, nur der wahre Grund ist anders, als es in deinem Satz erscheint. Du kannst nur schreiben, wie es deinem Wesen entspricht. Du willst nur dein Bestes geben, es wäre ja schlimm, wäre es anders! Dein Bestes ist, was dir als solches erscheint. Anders ist es bei uns Frauen auch nicht! Wir wollen unseren Lieben das geben, was uns gemäß unserem Wesen als Bestes erscheint. Jeder von uns gibt sich in seinem Werk.

Der Gedankengang ist richtig! Ich kann nichts geben, was nicht meinem Wesen, meiner Art, die doch bedingt ist ohne mein Zutun, entspricht. So geht es doch jedem Schriftsteller. Schwelgt der eine in der Ausmalung sinnlicher Freuden, starker Leidenschaften, so ist sein Wesen davon erfüllt. Schreibt ein anderer mit kalter Sachlichkeit, jede Gestalt, jedes Vorkommnis zergliedernd, dann ist er eine kalte, denkende Natur. Keiner von beiden kann in der Art des anderen schreiben! Hat das Buch kein klares Gepräge, so fehlt dieses auch dem Verfasser. Daher zählt die Menge der Unterhaltungsschriftsteller, die ein bisschen philosophieren, ein bisschen sentimentalisieren, ein bisschen schildern, aber alles nur fachmännisch gewerblich. Eine deutliche Persönlichkeit setzt sich in jedem Werk durch. In dieser Auffassung ist es ja der Reiz des Lebens, aus dem Buch sich einen Eindruck von der nicht dargestellten Persönlichkeit des Verfassers zu machen.

Das trifft demnach auch auf die Werke unserer Frauen zu.

Allerdings liegt ein kleiner Unterschied vor: Der Schriftsteller deckt seinen Tisch in der Form eines Büfetts, jeder nimmt, der etwas mag, wer nichts mag, rührt nichts an. Die Frau deckt den Tisch für die Familie, wo jeder nehmen muss, ohne Wahl. Der Unterschied liegt in der Aufgabe, nicht in der Grundanlage.

Es ist sehr kalt, meine Frau hat daher kalte Hände und bereitet sich ein warmes Handbad, und weil es ihr sehr wohl tut, nimmt sie meine Hände, obgleich sie nicht kalt sind, und taucht sie auch in das mollige Bad. Sie möchte ihr Behagen auf mich übertragen.

Da denke ich an die gute Ergänzung, die in der Ehe walten soll. Warum diese nicht immer vorhanden sein kann, habe ich in meinem astrologischen Deutungsbuch ausführlich erklärt. Wie äußern sich Ergänzung und deren Gegenteil, Widerstreben, im täglichen Leben? Doch nicht darin, ob beide Gatten zur selben Zeit kalte Hände haben, sondern darin, dass der eine durch seine wohlige Wärme die Kälte des anderen beseitigen kann. Dazu dient kein Handbad, denn es handelt sich um Veranlagung im Seelen- und Gemütsleben, die den Körper durchstrahlt, die aus dem Körper in die Umgebung strahlt. Wenn der eine Gatte gefühlvoll schwärmt und der andere mit kalter Gedankenkette alles zergliedert, „die Rose entblättert, um die Staubfäden zu zählen“. Um es bildhaft auszudrücken: Wenn

der eine Gatte seinen Rahmkäse gezuckert und der andere gesalzen haben will oder beim Essen von Melonen diese Unterschiede vorkommen.
Am besten ist der Begriff „Ergänzung“ astrologisch zu erklären. Sachlich ausgedrückt: Durch Opposition der Zeichen und Elemente. Wobei ein positiver Pol einen negativen erhält. Da findet jeder feurige Mars seine luftige Venus, jeder schwergeladene Mars seine erdhaft gebundene Venus, da findet Merkur seinen geistigen Oberherrn Jupiter, der feuchte Mond die saturnische Erde, die durchfeuchtet werden muss, will sie nicht durch Trockenheit unfruchtbar werden.
Da vermählt sich das Feuer mit der Luft, ohne deren Sauerstoff keine Flamme brennen kann. Und immer vermählen sich glücklich Erde und Wasser.
Da ergänzt sich, was das notwendige Fehlende beiträgt.
Nicht die großen Dinge bestimmen den Lauf und die Erlebnisse des Tages, sondern die kleinen, welche die Größe in sich tragen.
Leicht ist eine Verständigung über Salzen und Zuckern zu treffen: Auch kann sich die Frau entschließen, ein Lieblingsgericht für die anderen zuzubereiten, wenn auch mit Besorgnis, denn sie kann es nicht so gut herstellen wie ihre Speisen, und sie hat Ursache, die besseren Zubereitungen von Frauen zu fürchten, denen gerade diese Gerichte zustehen.
Der Fehler hat eine tiefere Ursache: Es fehlt an der Ergänzung! Bei richtiger Ergänzung würde Gleichheit im Geschmack bestehen!
Dieser Fehler ist nicht zu beseitigen!
Es ist die Einstrahlung, die Ausstrahlung, die Seele, die aus der Körperform tritt, weil sie nach ihrer Ergänzung Verlangen trägt. Findet sie diese, so werden die zwei Körper sich wonnevoll vereinigen, sie „werden ein Fleisch“ sein. Und findet sie das Gegenteil des Gesuchten, da wird sie, die suchende Seele, verkümmern und verdrängt werden.
Da erweist sich die Leidenschaft nicht als ein vermittelndes Band, sie bringt im Gegenteil den Unterschied der Strahlkräfte zum klaren Bewusstsein! Es kann ein trügerischer Stern eine Liebe vorgaukeln, er wird bewirken, was in der Vorvergangenheit durch Taten veranlasst worden ist, er wird die schlechte Vererbung, die Verbindungssünden früherer Lebensstufen folgerichtig übertragen, eine Liebe, die seelisch nicht besteht, die nur eine vorübergehende körperlich-fleischliche Zwangsverbindung zu Wege bringen kann, Abscheu und Verzweiflung nach sich ziehend.
Junge Gatten mit schnell in der Ehe alternden Zügen, die stets bedrückt und unfroh erscheinen, leiden unter der Ungleichheit der Strahlkräfte, denn weder können sie ihre Liebe ganz geben, noch die gebotene ganz annehmen. Es ist ein Zwischenzustand, dem Fegefeuer der katholischen Kirche vergleichbar. Viele zerbrechen innerlich an dem Geschick und schleppen es unfroh durch das Leben hin, viele suchen durch Freitod ein Ende, andere, mutigere, trennen sich, um ihre Persönlichkeit zu erhalten. Oder sie werden dem Gatten untreu, um sich selbst treu zu bleiben.

Jeder handelt für sich richtig, weil seiner Anlage gemäß.
Es ist hier nicht die Stelle, um tiefer schürfend in die Ursachen einzudringen. Wohl aber fragen: Wozu ward uns die Erkenntnis, wenn nicht zum Zweck der Vorbeugung? *Jedes neue Wissen hat einen Sinn, es verpflichtet, weil es mit der Erkenntnis die Vorbeugung zulässt.* Können wir helfen, dann müssen wir helfen!
Was hier von der Ehe geschrieben wurde, gilt im weiten Umfang auch für Stämme und Völker. Doch nennt der nachdenkliche Politiker das nicht Wirkung der Strahlkraft, weil er dieses Wissen noch nicht aufgenommen hat, sondern er spricht von „den Imponderabilien".
Der mitdenkende Leser wird dafür nun die deutsche Erklärung haben und er wird vermittelst des Pendels auch diese „Imponderabilien" für sich aufklären.
Was ich in Band VI bezüglich der kosmischen Übereinstimmung zwischen Planeten und Fingern der Hand geschrieben habe, findet auch beim Vergleich zwischen Menschen Anwendung. Wenn die ganze Hand zum Vergleich herangezogen wird und diese als Gesamtheit auszusagen hat, so können die einzelnen Finger besonders geprüft werden.

- Der Daumen, namentlich der Daumenballen, untersteht der sexuellen Venus. Wird hier harmonisch vom Pendel eingekreist, so ist sexuelle Anziehungskraft vorhanden.
- Der unter Jupiter stehende Zeigefinger ist der Finger des Rechts, der weltlichen und geistigen Weisheit.
- Saturn regiert den Mittelfinger, es ist der Schicksals- und Arbeitsfinger.
- Der Goldfinger untersteht der Sonne und der Venus mit der himmlischen Natur, der Kunst.
- Merkur, der Verstandesfinger, ist der fünfte, der kleinste.
- Mars regiert den Marsberg, unter dem kleinen Finger zwischen Herz- und Kopflinie. – Der untere Rest des Handrückens untersteht dem Mond, der triebhaften Psyche.

Wir können durch Ausnutzung dieses Wissens jeden Finger, jeden Handberg miteinander vergleichen und erhalten die besonderen Aufschlüsse über die Folgen der Verbindung.
Da kann die sinnliche Venus herzliche Übereinstimmung in der Nacht veranlassen, aber mit dem nüchternen Tag stoßen die anderen Planeten zusammen, da gibt es Reibungen.
Gutwillige fragen mich nicht selten, wie dieser Zustand zu beseitigen sei.
Leicht gefragt, schwer geantwortet! Ich meine unverbindlich: Unüberwindlich ist körperliche Abneigung! Hier muss ich jedoch einschalten: Sensitive Personen können nur vorübergehend mit dem geliebten Ehepartner eng verschlungen liegen, es ist keine fehlende Liebe, wenn sie sich ins eigene Bett zurückziehen. Auch nicht, dass sie das Gesicht der Wand zukehren, denn anders liegend können sie nicht schlafen.

Die Seele muss ferner getrennt werden in die triebhafte und die Verstandesseele. Die triebhafte kann als reiner Naturtrieb nicht verändert werden. Hierhin zählen die Verbindungen mit Pflanze und Tier, Edelsteinstrahlungen, Verhalten gegenüber Essen und Trinken. Besteht hier eine Spaltung, muss ein Sonderleben auf diesem Gebiet stattfinden. Getrennte Schlafzimmer sind Vorbedingung, und Sondergerichte für jede Person. Das will vielen nicht in den Kopf und sie urteilen ganz falsch. Da kann der Pendel die Zustände erklären, wenn Worte es nicht vermögen.

Was nun folgt, ist am ehesten zu bereinigen. Es bereichert das Zusammenleben, wenn in Bezug auf höhere Dinge Mehrstimmigkeit vorhanden ist. Übereinstimmung in geistigen Dingen kann jedes Zusammensein verhindern. Möge jedermann sein eigenes Geistesleben führen, wenn es nur überhaupt geführt wird! Bedenkt: Zwei gänzlich übereinstimmende Menschen können sich nicht mehr unterhalten, wenn die Sinne nicht mehr drängen und Klugheit dafür eintritt! Durch Aussprechen und Verteidigen der eigenen Meinungen findet eine wechselseitige Klärung statt. Man versuche nur nicht, den Gatten zur eigenen Meinung zu überreden! Viel besser, es besteht eine fesselnde Verschiedenheit, die ohne Erregung und Rechthaberei gegenseitig ausgetauscht wird. Aber mit einer Einschränkung: Es darf kein Dritter hineinreden und richten wollen, was so fälschlich seitens der Priester besorgt wird, womit eine harmonische Ehe gründlich ins Gegenteil verkehrt werden kann. Nie soll der Dritte zur Unterstützung der eigenen Ansicht gerufen werden! Es ist ein sicheres Mittel, die Verträglichkeit aufzuheben.

Der feinste Prüfstein für innere innige Zusammengehörigkeit ist gemeinsames Schweigenkönnen. Wer mit seinem Liebespartner zwei Stunden wortlos sitzen kann, vielleicht die Hände verbunden – was Sensitive auch nicht ertragen –, der kann auf völlige seelische und körperliche Verbundenheit rechnen. Wer das langweilig nennt, hat keine Erfahrung, die telepathische Verbindung ist hergestellt, man tauscht Gedanken aus, ohne der Worte zu bedürfen. Denn Worte müssen dazu dienen, über das Fehlende hinwegzukommen, sich und den anderen zu täuschen.

Die hier erwähnten Pendeluntersuchungen lassen sich nur zwischen gegenwärtigen Personen durchführen, eine solche Untersuchung mit Lichtbildern oder Handschriften führt leicht in die Irre. Auch soll sich nur der bereits erfahrene Pendler damit befassen, denn die Untersuchten wollen gleich aufgeklärt werden und da ist es gefährlich, sich zu irren.

Abneigung und Zuneigung

Die Ausstrahlungen eines Menschen zeigen sein unveränderliches inneres Wesen an. Dieses innere Wesen kann nur durch seelische Affekte gedeckt sein, zum Schluss bricht es mit elementarer Wucht durch.

Der Mensch kann sich über sich selbst täuschen, der Pendel lässt sich nicht täuschen.

Eine dauernde Zuneigung kann nur da stattfinden, wo die Ausstrahlungen der Personen in Harmonie sind. Das objektive Instrument zur Feststellung von Abneigung und Zuneigung ist der Pendel.

Sexuelle Beziehungen sind erkennbar, wenn der Pendel über die beiderseitigen Geschlechtsorgane geführt wird. Hierzu sind Bilder der ganzen Personen wünschenswert, jedenfalls sicherer, als wenn nur Brustbilder oder Handschriften vorliegen. Hierfür liefern die Illustrierten Blätter genügend Untersuchungsstoff. Selbstverständlich geben lebhafte Verbindungsstriche und Ellipsen die Tatsache an.

Sind es perverse Beziehungen, so kommen entsprechende Linien heraus.

Über das Geschlechtsleben mag jeder Pendler seine eigenen Forschungen betreiben, er wird dann auch die erklärenden Linien finden. Mehr möchte ich über diese Sachen nicht veröffentlichen.

Wir haben 2 Lichtbilder oder Handschriften oder die Hände der Personen selbst, oder von ihnen durchodete Gebrauchsgegenstände vor uns, legen die Sachen beliebig kombiniert nebeneinander auf die Isolierplatten und führen den Pendel darüber. Was zeigt sich da?

Nehmen wir an, Fritz wolle gern die Marie heiraten, sie schwankt, überlegt. Fritz ist verliebt, er ist Marie nicht unsympathisch. Der Pendel drängt sofort von Fritz in lebhaften Kreisen auf Marie ein, er sucht beide einzukreisen. Gehen wir von Marie aus, so ist der Pendel recht ruhig, langsam nähert er sich Fritz und schlägt bescheidenere Kreise. Also, Fritz liebt mehr als Marie, ist heftiger, leidenschaftlicher, sie ruhiger, kühler, überlegender.

Wir verharren mit dem Pendel bei Fritz und bemerken, dass die Pendelbewegungen unregelmäßig werden, die Kreise werden kleiner, schließlich kommt eine trennende Nord-Süd-Linie zwischen beide, aber auch diese ist nicht dauernd, sie wechselt ab mit zunehmenden und wieder abnehmenden Kreisen. Die Schlussfolgerung lautet: Fritz ist zunächst leidenschaftlich verliebt, aber es ist Strohfeuer, er wird erkalten. Zeitweilig wird das Feuer wieder aufflackern, aber alles das hat keine Dauer. Sinnliche, nicht seelische Liebe.

Bleibt es schließlich bei dem Trennstrich, dann ist es ganz deutlich, dass das innere Wesen von Fritz und Marie nicht harmonisch schwingen. Entweder eine unglückliche Ehe mit Scheidung, oder kaltes Nebeneinanderleben ist das Ende der Liebschaft.

Nun prüfen wir das Verhältnis von Maries Seite aus. Sympathie war vorhanden, diese bleibt ihr, sie wird treu sein ohne Leidenschaft, sie wird Fritz bedauern, ändern kann sie nichts.

Bleiben aber die Kreise dauernd bestehen, nehmen sie womöglich zu, dann ist ein glückliches, harmonisches Zusammenleben garantiert.

Tritt aber gleich der Trennungsstrich auf, fehlen alle Vorbedingungen zur Liebe oder Freundschaft, die Abneigung ist unüberbrückbar.

Solche Feststellungen sind an den Kinderbildnissen längst Verstorbener gemacht, wo der Ausgang der Liebe kein Geheimnis mehr war. Sie sind in allen Stadien und Altersstufen gemacht, noch nie hat der Pendel Unwahres berichtet.

Er ist grausam, der Pendel, er zerstört jede Illusion, deckt jede schmeichlerische Unwahrheit auf, er zeigt den Anfang und das Ende.

Wer sein Wahrnehmungsvermögen geschult hat, sieht alles das mit seinen Augen. Aushängekasten der Fotografen und Alben mit Bildern in den Familien bringen stets neues Beobachtungsmaterial. Ob ein fürstliches Brautpaar aus Liebe oder anderen Gründen zusammengekommen ist, zeigt sogar die Abbildung in der Zeitung an. Welch Drama sieht man zuweilen auf Familienbildern, wo so viele geheime Beziehungen, Abneigungen wie Zuneigungen erkennbar sind! Mit dem Pendel kann man sogar die intime Art der Beziehungen ermitteln, aber davon schweigt man am besten.

Nicht nur auf Liebesverhältnisse nimmt der Pendel Rücksicht, sondern auf alle möglichen Verbindungen, Verwandtschaften, Freundschaften, Teilhaberschaften usw. Er kann Böses verhindern, vermag vor üblen Erfahrungen zu bewahren, er ist richtig angewendet der nützlichste und uneigennützigste Ratgeber in der Familie und für jedermann.

Wir müssen ihn loben!

Wohl Harmonie, aber keine Liebe!

Es kommen Fälle vor, wo der Pendel zwischen zwei Personen verschiedenen Geschlechts gute harmonieankündende Kreise zieht, diese Leute sind sich auch sympathisch, dennoch fehlt die heftige Liebe, es ist nur Wertschätzung und Freundschaft vorhanden. In einer Ehe würden sie sich als Kameraden gut vertragen, was nicht genügt. Die Untersuchung auf geschlechtliche Anziehung erfolgt über den Geschlechtsorganen, wenn hier starke Einkreisungen stattfinden, dann ist die eheliche Liebe vorhanden.

Bei der Vergleichung von zwei Schriften werden zwei Isolierplatten schräg im Winkel aufgerichtet und die Schriften darüber gelegt. Das Ergebnis ist viel sicherer!

Die 7 Chakren

Ein Europäer in dieser Zeit höchster Weisheit und Schulbildung weiß nicht, was ein Chakra ist. Das sind Zentren für planetarische Einflüsse, um mich in unserer Sprache allgemein verständlich auszudrücken, deren Entwicklung von der Höhe der Geistigkeit abhängig ist. Die Kenntnis stammt von den Brahmanen Indiens, deren Kultur bekanntlich älter ist als die griechisch-römische der Antike. Diese 7 Chakren sind auf der Abbildung örtlich bestimmt, mit Angabe der Planeten, die darauf Einfluss haben. Ich warne dringend vor der Suche der Chakren als materielle Organe im Körper, wie Lunge und Leber. Dagegen wollen wir diese sensitiven Stellen auspendeln. Zu diesem Zweck untersuche ich einige Bilder aus Zeitschriften.

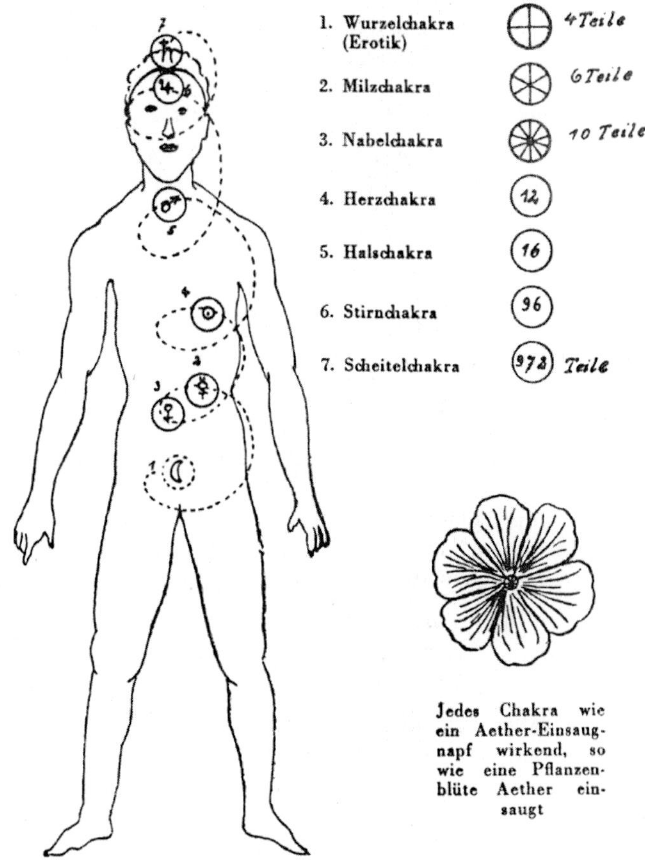

Jedes Chakra wie ein Aether-Einsaugnapf wirkend, so wie eine Pflanzenblüte Aether einsaugt

Zunächst aus dem Sportleben, Hamburger Leichtathleten vor dem Ziel im letzten Spurt und eine Speerwerferin aus Lübeck. Ich pendele die Chakren ab: In vollster Energie sind die Chakren von Mars und Merkur, die anderen sind kraftlos! Dann hohe Geistliche aus Tibet, bei diesen sind die Saturn-Jupiter-Merkur-Chakren tätig, die der Triebplaneten fast wirkungslos.

Dann das Bild der derzeitigen Inkarnation Buddhas aus der tibetanischen Tempelstadt Kumbun.[21] [22] Ich fordere auf, ein

[21] *Siehe Abbildung 9.*

[22] Das Kloster Kumbun liegt im Grenzgebiet zwischen Tibet und der westchinesischen Provinz Qinghai. (rs)

europäisches hochkultiviertes Kind zu bringen, das hinsichtlich der Pendelkurven den Wettbewerb aufnehmen kann! Selbstverständlich lehnen unsere Wissenschaftler die Lehre von der Wiedergeburt glatt ab, die Frage, woher die erstaunliche Geistigkeit dieses kleinen Säuglings kommt, vielleicht ist er schon 1½ Jahre alt, wird wohl keine genügende Antwort finden. Solche Sachen werden durch Weigerung zur Kenntnisnahme hochmütig abgewimmelt. Also hier sind die Chakren bereits bedeutender als bei den tibetanischen hohen Geistlichen!
Die Auspendelung der Chakren ist ein feines Mittel, um in das geistige Leben eines Menschen einzudringen. Für Nichtastrologen gebe ich die Bedeutung der Planetenkräfte an.

♄ = Saturn: Ernstes, tiefes Denken, religiöses Wissen.

♃ = Jupiter: Gerechtigkeit, Klugheit, Einsicht, Wohlwollen.

♂ = Mars: Energie, Willenskraft, Unternehmung.

☉ = Sonne: Lebenskraft.

☿ = Merkur: Verstand, Wissen.

♀ = Venus: Triebleben, in Verbindung mit dem Kleinhirn.

☾ = Mond: Generation, Vegetation.

Wirkungen aus früherem Dasein

Wir wollen uns klar machen: Es gibt geschlechtliche Liebe und Liebe frei von Eros. Wie entsteht diese? Der Astrologe sucht die Erklärung im Horoskop, findet sie gewiss, wenn sie vorhanden ist, aber – er findet dieselben Bedingungen, und sie reichen nur zum Wohlwollen, nicht zur Liebe! Wo finden wir die tieferen Ursachen?
Ich habe eine Ursache gefunden, die sogar rechnerisch nachweisbar ist, auf astrologischer Grundlage: in der Vererbungsforschung! Die Grundlage habe ich in meinen astrologischen Schriften (Jedermanns Astrologie, Uranuskalender 1935) dargestellt. In kurzer Angabe:

1. Da es keinen „Tod“ nachweisbar gibt, sondern nur eine Formwandlung, ein Wechsel zwischen einem Leben im Diesseits und Jenseits, so lebt das „Ich“, die geistige Monade[23], in seelischer Hülle dauernd. Demnach eine Kette von Wiedergeburten.

[23] Monade *(monas)*: Einheit, metaphysische Einheit, selbständiges, individuelles Wirklichkeitselement (im weiteren Sinne auch das Atom umfassend), im engeren Sinne seelenartiges, einfaches, substantielles Wesen; aus der Zusammensetzung solcher Monaden bestehen nach der Monadologie die Körper ihrem An-sich-sein nach, auch die Organismen, die aber (nach einigen) von besonderen Geistesmonaden beherrscht werden.
Mehr dazu unter: www.textlog.de/4474.html. (rs)

2. Die Erinnerung an die früheren Erdenleben sind noch beim Kind etwas wach, sie verblasst, der Erwachsene weiß in der Regel nichts mehr davon.
3. Die Seele setzt sich zusammen aus wechselnden Seelenelementen, deren Ergänzung wird bestimmt a) durch Vererbung, b) durch eigene Entwicklung. Somit wirken in uns Seelenteile von Eltern und Großeltern, sie bewahren die Gefühle wie Liebe und Hass, nicht für die verwesliche Körperlichkeit, sondern für die Seelenelemente der „erlebten" Seelen in dem Vorleben.
4. Um bei der Liebe zu bleiben: Es vererbt sich die Blutliebe der Familie, die Beziehungen zu Eltern und Geschwistern, und die zwischen Vater und Mutter, also Geschlechtsliebe.
5. Die Familienliebe bekundet sich im gegenwärtigen Leben durch Liebe und Zuneigung ohne geschlechtliche Anziehung, die Geschlechtsliebe erweckt wieder aufs Neue Geschlechtsliebe! Hass drückt sich durch sachlich nicht erklärbare Abneigung aus.
6. Diese Seelenelemente strahlen beim lebenden Menschen aus, in der Fortsetzung über Groß- und Kleinhirn hinaus, über das Lichtbild reichend. Ich will zwei Personen prüfen. Lege die Lichtbilder nebeneinander, halte den Pendel über den Oberkopf und führe ihn weiter weg. Die Ausstrahlung ist genau zu erforschen, bloß ohne Körperlichkeit! Nachdem ich diese von beiden Bildern festgestellt habe, stelle ich die Frage nach Harmonie, sie wird bejaht oder verneint, als wenn es sich um die körperlichen Personen handle. Ich frage weiter, ob Blutverwandtschaft vorliegt, indem ich den Pendel über diese Ausstrahlung beim Mann halte, und tupfe dann mit dem linken Zeigefinger auf die entsprechende Stelle über dem Frauenbild. Geht der Pendel dann sofort in Ruhestellung, liegt Blut-Familienliebe vor! Also das Verhältnis zwischen Vater, Mutter und Kind, oder Bruder und Schwester! Nun pendele ich die Bilder selbst aus, also das Verhältnis zwischen den Personen. Da wird Harmonie in Bezug auf geschlechtliche Liebe glatt abgelehnt! Ich bin vom Männerbild ausgegangen und nicht vom Frauenbild, um nicht durch geschlechtliche Imprägnierung irregeführt zu werden. Astrologisch werden sich zwischen den Horoskopen der beiden Personen vorwiegend Quadrataspekte finden! Denn das astrologische Verhältnis zwischen Eltern und Kind wird durch Austausch von Horizont und Meridian erwiesen.

In der „Begriffenen Astrologie" habe ich auf die Ausstrahlung der 5 Finger aufmerksam gemacht. Die Handfinger über die Planetenstellungen geben wichtige Erklärungen ab über die besondere Wirkung der Planeten. Wir können die 5 Finger auch hierbei benutzen! Das ist äußerst lehrreich! In Kapitel „Die Ergänzung" (s. o.) habe ich die Bedeutung der einzelnen Finger bereits geschildert. Das folgende Experiment kann nur mit anwesenden Personen vorgenommen werden.
Zwischen zwei Personen zeigt der Pendel durch Einkreisung Harmonie an. Wir fragen: In welchen Beziehungen?

Es ergibt sich

1. Kleinfinger einer Person zum Bild (Schriftsatz usw.) wird ausgekreist oder es ergibt sich ein Trennstrich: Übereinstimmung oder Fehlen im Denken über das praktische Leben.
2. Goldfinger, Herz- oder Blutfinger[24] zeigt Liebe an, aber keine geschlechtliche!
3. Mittelfinger: *Familienverbindung!*
4. Zeigefinger: Höheres Denken, Geistigkeit.
5. Ballen vom Daumen: Geschlechtsliebe!

Damit konnte ich feststellen und es hinterher astrologisch nachweisen: Zwei fremde Personen fühlten eine starke Zuneigung, aber geschlechtliche Abneigung, sie waren familienverbunden!
Ein angenommenes fremdes Kind erwies sich als familienverbunden! Gleiche Liebe wie zu eigenen Kindern! Demnach Wiedergeburt aus der eigenen Familie!
Für den ernsthaften Forscher ist damit genug gesagt.

---

[24] Hier ist der Ringfinger gemeint. (rs)

Die Auspendelung des Körpers

Ein wichtiger Teil des Pendeldiagramms enthält die Untersuchung des Körpers auf seine Beschaffenheit. Diese Untersuchung beginnt beim Großhirn und endet bei den Füßen. Die normalen Linien erscheinen in einer immer gleichen Reihenfolge:

△	Großhirn, Gesicht, kleinere Ausschläge
○	Kleinhirn, Unterkiefer, Hals, größere Ausschläge
⤡	Rechte Lungenspitze
↕	Bronchien
⤢	Linke Lungenspitze
○	Lunge, meistens unruhig, zuckend
△	Herz
○ ◌	Magen, Milz, besonders zu verlangen
⬭△	Leber mit Galle (△)

○	Solarplexus = Sonnengeflecht
⬭	Eingeweide
↔	Unterleibsorgane
↕	Rechtes Bein Oberschenkel
○↓	Rechtes Bein Knie Rechtes Bein Unterschenkel
○↓	Füße Linkes Bein Oberschenkel
○↓	Linkes Bein Knie Linkes Bein Unterschenkel
∘	Füße

Lebenskraft: Kreise, größer oder kleiner, je nach Befund. Nicht aufgeführte Organe werden abgefragt.

Das volle Pendeldiagramm aufgelöst

Friedrich Kallenberg hat in seiner ersten Veröffentlichung die ersten Pendeldiagramme gezeichnet. Sie setzen sich zusammen aus Kreisen, Ellipsen, Linien. Auch wurde begonnen, die einzelnen Ausschläge zu zählen, die Bedeutung war unbekannt. Dass zuerst die Geschlechtslinien kommen, wurde festgestellt. Nachdem ich die Felder und die Linien der Körperorgane erkannt, erschloss sich auch sofort das Pendeldiagramm. Es hat eine stets wiederkehrende Reihenfolge:

1. Geschlecht bzw. Polarität.
2. Charakter.
3. Der Körper vom Kopf bis zu den Füßen.
4. Die Lebenskraft.
5. Folgen einzelne Eigenschaften, die gelegentlich, besonders im Affekt oder Rausch, vorkommen.

Zwischen den einzelnen Abschnitten stellt sich meistens Pendelruhe ein.
Wer also die Feldereinteilung und die Körperlinien kennt, ist befähigt, ein Pendeldiagramm zu deuten!
Die einzelnen Linien werden gezählt, Impulse bemerkt, die Intensität der Ausschläge taxiert oder gemessen. Bei sehr exakten Untersuchungen wird die Zahl der Ausschläge je Minute ermittelt.
Geringe Zahl der Pendelausschläge deutet auf einfache Naturen. Mit der wachsenden Bedeutung vermehren sich die Ausschläge der Zahl nach.
Dieser kurze Abschnitt ist grundlegend wichtig, zum Verständnis sind sehr viele Untersuchungen nötig.

Das Blut

Als Träger des Lebens und der Gesundheit kann das Blut angesprochen werden. Es entsteht durch die Arbeit vieler Drüsen, deren richtige Zusammenarbeit erforderlich ist, um gesundes Blut zu gewinnen. Die Rassenforscher[25] erklären, jede Rasse habe ihr arteigenes Blut, das sich durchaus nicht straflos mit jedem anderen Rassenblut verbinde. Rassen ohne gemeinsame Blutgruppe dürfen sich nicht verbinden, weil die Kinder kränklich oder sonst ungesund würden. Namentlich kommen Nerven- und Stoffwechselkrankheiten vor, die unheilbar sind. Die Wissenschaft lehrt, dass die Einführung fremden Blutes in die Blutbahn zu schweren Erkrankungen, wenn nicht zum Tode führt.

---

[25] Die NS-Rassenlehre war die konsequente und mörderische Weiterführung der Rassentheorien des 19. Jahrhunderts. Die NS-Propaganda arbeitete mit Begriffen aus der Biologie, um ihren Rassenwahn als eine endgültige, als eine auf „Natur" begründete Wahrheit darzustellen. Rassenkundler, Historiker, Biologen und Mediziner entwickeln entsprechende Fantasiegebilde, die der NS-Rassenideologie einen wissenschaftlichen Anstrich verleihen soll: Schädelform, Haar- oder Augenfarbe entscheiden darüber, ob man zu einer „guten" oder „schlechten" Rasse gehört. In sogenannten Rassenkundebüchern werden die Kriterien festgelegt, wie denn nun ein echter Deutscher auszusehen hat. Inbegriff für Schönheit, Sauberkeit und Ehrlichkeit sei der „Arier". NS-Rasseforscher beginnen die Deutschen in die unterschiedlichsten Rassengruppen einzuteilen. Sie erfinden eine „ostische" eine „fälische" oder „nordische Rasse". Besonders populär sind hier die Rassenkundebücher des selbsternannten Rasseforschers Hans F.K. Günther. In Büchern wie „Die Rassenkunde des Deutschen Volkes" (1922) werden Menschen in der Manier einer Hunde- oder Geflügelrasseschau zu Zuchttieren, denen man Rasseprädikate verleiht.
Zitiert nach: http://www.hoegy.de/wiki/index.php/Rassenlehre. (rs)

Wir finden im Volk jedoch Mischlinge aller Rassen, die meistens selbst ihrer Blutmischung unbewusst sind, dafür in der Gerichtspflege umso bekannter sind. Die Verbrecher haben zum größten Teil Mischblut, das ist durch Blutuntersuchungen einwandfrei festgestellt. Rassenmischungen führen auch zu schweren Entbindungen, da die Beckenform der Frau rassisch bedingte Formen zeigt. Die rein germanische Frau z. B. hat die Beckenform für langschädelige Kinder. Lässt sie sich von einem andersrassigen Rund- oder Quadratkopf befruchten, so bleiben die Folgen nicht aus. Die „Sünde wider das Blut“ ist somit eine ernste Angelegenheit.[26]

Die Feststellung der Blutgruppen ist daher eine schöne Aufgabe, die jedoch nicht einfach zu erledigen ist. Es erscheint mir unumgänglich notwendig, das Blut lebender Menschen selbst zu untersuchen, gegen dessen Feststellung nach Handschrift oder Lichtbild habe ich ernste Bedenken. Vor allen Dingen müssten die vorhandenen Blutgruppen erst übereinstimmend erforscht sein. Natürlich ist es leicht zu sagen: Negerblut, Mongolenblut, Arierblut, Affenblut usw. Die Frage ist, ob jeder Volksstamm innerhalb einer Gruppe verschiedenes Blut hat. Etwa so: Hat der Japaner anderes Blut als der Koreaner oder Chinese, Mongole oder Eskimo? Hat der Zulu ein anderes Blut als der Dahomeyneger oder der Fellache? Ferner: Gibt es eine Ausgleichung im Lauf der Zeit? Nehmen wir z. B. die Juden an, so finden wir erkennbare Kreuzungen mit Ariern, Negern, Arabern, Mongolen, Armeniern usw. Ist jüdisches Blut nun eine harmonische Einheit geworden? Hat der galizische Aschkenasi dasselbe Blut wie der hochrassige portugiesische Sephardim[27]? Oder ist englisches Blut eine Einheit geworden, wo es doch eine arisch-keltische Mischung ist? Ist der französische Normanne dasselbe wie der

---

26 Artur Dinter (1876–1948) engagierte sich politisch bereits vor 1914 im Alldeutschen Verband, einer 1894 gegründeten nationalistischen Vereinigung, die unter anderem auch stark antisemitische Züge aufwies. Er propagierte offen und völlig ungehemmt seine rassistischen Vorstellungen. 1917 erschien der radikal antisemitische Roman „Die Sünde wider das Blut“. Das Buch erreichte bis 1934 eine Auflage in Höhe von 260.000 Exemplaren. (rs) Der gesamte Absatz scheint von zweifelhafter Qualität: „Mischblut“ und „Rassenmischungen“ sind eindeutig Begriffe die im Zeitgeschehen der NS-Zeit stehen und glücklicherweise überholt sind. Man hat manchmal den Eindruck, dass Glahn in seinen späten Jahren stellenweise in einer Art vorsorglicher Selbstzensur schrieb, nachdem ja zuvor einige seiner Bücher von den NS verbrannt wurden. (D. V.)

27 Aschkenasi die Selbstbezeichnung für einen Juden aus Mittel- und Osteuropa. Sephardim (aus dem Hebräischen für *iberische Halbinsel*, deutsch Sepharden) sind Juden, deren Vorfahren bis 1492 in Spanien und Portugal ansässig waren. Ihre gemeinsame Sprache ist das Sephardische, das sich vom mittelalterlichen Iberoromanischen ableitet. ... Heute versteht man unter den sephardischen Juden in erster Linie diejenigen Bewohner Israels, die aus Ländern wie Marokko, dem Jemen, Syrien oder Indien nach Israel einwanderten. Die religiöse Shas-Partei in Israel versteht sich insbesondere auch als Wahrer der sephardischen Glaubensausprägung. Neben den Aschkenasim stellen die Sepharden in Israel einen eigenen Oberrabbiner. Zitiert nach: http://de.wikipedia.org/wiki/Sephardim. (rs)

kunterbunt vermischte Südfranzose in Bezug auf die Blutgruppe? Hier schweigt die Wissenschaft noch! Und ebenso der Pendel. Solange nicht deutlich erklärt wird: Auf diese Art und Weise lässt sich das Blut *einwandfrei* und wissenschaftlich haltbar durch den Pendel ausweisen, verhalte ich mich abwartend.
„Pendelanalysen" mit Prozentangaben von Blutbestandteilen eines Menschen und Dutzenden verschiedenen Blutgruppen lehne ich entschieden ab! Als Täuschung!
Wissenschaftlich sind bis jetzt 7 Blutgruppen[28] erkannt worden. Diese unterscheiden sich untereinander durch Unvermischbarkeit, kommt ein artfremdes Blut in die Gefäße, so wird dieses zusammengeballt.

Pendelstudien

Virginität.[29] Es lag der Fall vor, dass ein Mädchen nicht als unberührt gelten konnte, aber noch kein Zeichen der Perforation[30] lieferte. Das Mädchen gestand, dass Liebhaber Versuche zum Koitus gemacht hatten, die Ejakulation war jedoch unvollständig, wie auch das Hymen noch erhalten war. Wer also den Begriff „unberührt" buchstäblich nimmt, kann vom Pendel keinen genau zutreffenden Bescheid erhalten. Für die Vererbung liegt aber noch kein Einfluss vor, ein solches „angestoßene" Mädchen bekommt noch blutechte Kinder, ist daher noch „rein".
Von einem anderen, polygam veranlagten Mädchen wurden mir Tagebücher und sonstige Gebrauchsstücke vorgelegt, wobei die Frage gestellt wurde, ob die Taschentücher nicht nur zum Abtrocknen der Nase gebraucht worden seien. Das Mädchen war keine Jungfrau mehr, keiner der beteiligten Männer konnte sich rühmen, ihre Blume gepflückt zu haben. Es stellte sich beim Pendeln heraus, dass alle Taschentücher, die auch sonst benutzt worden waren, den Pendel zu einer liegenden Ellipse veranlassten, welche sich um die gerade Ost-West-Linie, die das Sexualorgan liefert, drehte. Diese Taschentücher pendelten die männliche Linie, teilweise die männliche neben der weiblichen. Die liegende Ellipse um die

---

28 Eine Blutgruppe ist die Beschreibung der individuellen Zusammensetzung der Proteine auf der Oberfläche der roten Blutkörperchen von höheren Tieren, speziell des Menschen. Die Oberflächen unterscheiden sich durch verschiedene Proteine, die als Antigene wirken. Das Immunsystem bildet Antikörper gegen fremde Antigene. Wird das Blut verschiedener Blutgruppen gemischt, kommt es zur Verklumpung der Zellen durch die Bindung an die Antikörper. Vor der Entdeckung der Blutgruppen waren daher Blutübertragungen nur zufällig erfolgreich und endeten oft tödlich. Blutgruppen sind erblich und sind daher ein Merkmal, um Verwandtschaftsverhältnisse belegen zu können, z. B. durch das Vaterschaftsausschlussverfahren. Beim Menschen gibt es rund 20 verschiedene Blutgruppensysteme. Die wichtigsten davon sind das AB0-System und das Rhesus-System.
Zitat und mehr Informationen bei: www.biologie.de/w/index.php/Blutgruppen. (rs)

29 Virginität bezeichnet die sexuelle Unberührtheit sowohl bei jungen Männern als auch bei jungen Mädchen. Hauptsächlich ist mit diesem Begriff die Zeit vor dem ersten Geschlechtsverkehr oder auch sexuelle Unerfahrenheit gemeint.

30 Text im Original: *Imprägnation.* (rs)

Horizontale deutet bekanntlich auf sinnliches Triebleben hin. Es konnte somit eine positive Auskunft gegeben werden.

Unehrliches Dienstmädchen, mogelt beim Einkauf

Pendelt / und

Also triebhafte Unehrlichkeit mit kluger Berechnung.

Dieses ist die Schrift eines etwa 13-jährigen Knaben, der verbrecherische Anlagen zeigt. Stiehlt seiner Mutter Geld und vergeudet es.

Der Pendel als Beweisinstrument in der Strafrechtspflege

Als der Verfasser seinen Wohnort in Hamburg hatte, wurde er mehrfach als beeidigter Sachverständiger seitens der Staatsanwaltschaft bestellt. In einer Anklage wegen Meineid handelte es sich darum, nachzuweisen, dass der Angeklagte eine Postkarte geschrieben hatte. Die Aussagen der Graphologen wurden entschieden bestritten, die sonstige Beweisaufnahme war mindestens zweifelhaft. Da kam der Pendel hervor. Es hätte keinen Zweck gehabt, damit zu arbeiten, ehe nicht Richter und Geschworene eine Aufklärung erhalten. So hielt der Verfasser zunächst einen Vortrag über die Bedeutung des Pendels, beginnend mit einem geschichtlichen Rückblick, endend mit Experimenten verschiedener Art. Der ganze Saal hörte gespannt zu, um den Gerichtstisch drängten sich Geschworene, der Angeklagte, dessen Verteidiger; die Richter hatten freien Ausblick. Jetzt kamen Erprobungen: Die Richter, der Staatsanwalt, die Geschworenen gaben Briefe, Dokumente, Fotos herüber und der Pendel bearbeitete alles prompt und richtig.

Zuletzt kam das beweisende Experiment: Der Pendel bejahte die Schuldfrage. Der Angeklagte brachte keinen Ton hervor. Da begann die Mittagspause – nur nicht für den Pendel. Alle Beteiligten brachten ihre Brötchen in den Sitzungssaal und was während der Verhandlung natürlich nicht angängig war: Fragen über Fragen von allen Seiten. – Der Staatsanwalt gründete seinen Strafantrag auf den Pendelbeweis. Der Verteidiger beschränkte sich darauf, die „okkulten“ Methoden überhaupt abzulehnen. Aber nachher sagte er wörtlich: „Etwas Interessanteres habe ich noch nicht gesehen. Ich musste als Verteidiger natürlich dagegen sprechen, aber – es war doch ganz seltsam, wirklich, sehr interessant.“ Der Angeklagte sprach nur noch ein zaghaftes Nein, sonst war er verlegen, verstummt. Diese Angaben sind nach der ersten Veröffentlichung als unwahr unterstellt worden! Auch Landgerichtsdirektor Dr. Hellwig in Potsdam bezweifelte die Richtigkeit. Die Hamburger Gerichte konnten nichts finden, es fand eine Untersuchung seitens des Gerichtes statt, wobei ich als Beweis die Aktenzeichen der Prozesse angab. Da wurde auch in Hamburg der Sachverhalt zugegeben.

Ein anderer Fall! Der Redakteur einer großen Hamburger Zeitung wurde mit anonymen Briefen voll Anklagen und Beleidigungen verfolgt. Verdächtig war eine alte Frau, sehr intelligent, ein früheres Mitglied eines großen Theaters. Bereits dreimal wegen solcher Sachen vorbestraft, hatte sie bisher hartnäckig jede Schuld geleugnet und dem Schriftsachverständigen alle Schuld beigemessen, diesen nach verschiedenen Richtungen hin verdächtigend. Man konnte ihr nicht beikommen und so wurde der Pendler geholt.

Mein Urteil als Sachverständiger für Schriftwesen deckte sich vollinhaltlich mit dem des ersten Sachverständigen, das machte aber keinen Eindruck, die Schuld wurde fortgesetzt bestritten. Aber der Pendel! Als sich der übliche Vorgang wiederholte: Erst Erklärung des Pendels und der Wirkung des Instrumentes, anschließend verschiedene Experimente, wozu der Richtertisch die Unterlagen lieferte, dann die Aufforderung an die Richter, selbst die Ausschläge des Pendels zu beobachten und zu notieren, schließlich kamen die Beweisexperimente. Erst Schrift gegen Schrift mit Pendeldiagrammen, dann Aufnahme der Ausstrahlungen der Angeklagten und Vergleich mit den anonymen Briefen, zuletzt: Die Angeklagte wird berührt, der über den Briefen kreisende Pendel bleibt stehen! „Herr Präsident, ich möchte dringend ersuchen, diese Experimente abzubrechen, das brauche ich mir nicht gefallen zu lassen!“

„Aber Sie sehen doch: Dieser Beweis spricht doch für Ihre Täterschaft! Sie sollten doch einsichtig sein und annehmen, dass Sie überführt sind!“

Schließlich nach einigem Hängen und Würgen: „Ja, ich habe die Briefe geschrieben!“

„Also endlich haben wir Sie doch zum Geständnis gebracht! Das ist ja ein Ereignis.“ So war die Stimmung im Gerichtssaal, dieweil die Angeklagte ihr Schuldbekenntnis und Abbitte unterschrieb.

Der Pendel vermag also die Identität von fraglichen Gegenständen festzustellen. Zum Beispiel bei Bluttaten: Ob die Blutspuren von einem Mann oder einer Frau herrühren. Ob sie von dem Schreiber einer anerkannten Schrift stammen oder nicht. Ob von dem Gift, von dem ein Rest vorgefunden, sich etwas im Körper einer entseelten Person befindet. Ob Blutflecken, die sich in einem Handtuch usw. befinden, von einem des Mordes Verdächtigen herrühren. Dabei bleiben die Beweisstücke unverändert, während bei der chemischen Untersuchung eine teilweise oder gänzliche Vernichtung stattfinden muss. Bei Unglücksfällen lassen sich Körperreste identifizieren.

Es ist verständlich, dass sich Untersuchungsrichter in die Technik haben einweihen lassen.

Der Pendel ist viel wichtiger, als viele andere Beweismethoden, er kann noch Auskunft geben, wo alle anderen Hilfsmittel versagen. Leider wird er noch zu selten angewandt, wohl weil sein Bekanntsein noch zu gering ist.

Zwei Methoden stehen uns dabei vornehmlich zur Verfügung:

1. Die sorgfältig entodeten Beweisstücke werden abgependelt und eine genaue Aufzeichnung und Auszählung der Ausschläge schildert das Pendeldiagramm. Stimmte nun das Pendeldiagramm des anonymen Briefes überein mit Fotografie, Schriftprobe oder dergleichen von der verdächtigen Person, so ist diese tatsächlich schuldig. Bei Gerichten wird die Pendeluntersuchung zur Bestätigung der graphologischen Prüfung dienen.

   Steht kein einwandfreies Vergleichsstück der verdächtigen Person zur Verfügung, wird diese selbst ausgependelt. Der Pendler wendet die innere Handfläche der linken Hand der Person zu, eine Berührung ist dabei nicht erforderlich, die rechte hält den Pendel.
2. Lege den anonymen Brief unter den Pendel und wenn dieser mit Ausschlägen begonnen hat, nimm in die Linke das Vergleichsobjekt, also Foto, Schriftprobe, ein getragenes Kleidungsstück oder berühre die verdächtige Person, sofort hören die Ausschläge auf. Der Pendel bleibt stehen, wenn der Schuldige ertappt ist.

   Zur doppelten Sicherheit mache beide Versuche, die Ergebnisse sind eindeutig.

Eine weitere Anwendung in der Heilpraxis: Die zweite Methode ist auch mit einer Abänderung nützlich zur Auswahl von Medikamenten für erkrankte Personen. Die rechte Hand hält den Pendel über eine Schriftprobe oder dergleichen, oder die Hand der erkrankten Person, die linke ergreift nacheinander die Heilmittel. Bei wirkungslosen Mitteln rührt sich der Pendel nicht, bei wirkungsvollen beginnt er sofort in Kreisen auszuschlagen.

Nun merke: Es ist nicht erforderlich, Schachteln oder Gläser zu öffnen! Die Ausstrahlungen der Mittel durchdringen Gefäß wie Umhüllung! Betrachte das als einen Beweis dafür, dass die Objekte tatsächlich ausstrahlen, denn das Unterbe-

wusstsein durchdringt keine Glasfalsche! – Zur Nachprüfung öffne die Umhüllungen und wende die anderen Untersuchungsmethoden auch an.
Diese angegebene Untersuchungsmethode gestattet eine vielseitige Anwendung, es können damit eine Anzahl Kombinationen durchgeführt werden.

Die besonderen Angaben über das Auspendeln von Krankheiten, Heilmitteln und Nahrungsmitteln finden sich in Band V. der Pendelbücherei.

Das befragte Unterbewusstsein

Einem Vorratsraum ist das Unterbewusstsein zu vergleichen, das Wachbewusstsein ist die Eingangsexpedition, welche jede Handlung, jede Beobachtung, jeden Gedanken zeitlich und sachlich einlagert.
Bei Bedarf müssen die Erinnerungen wieder aufgefrischt werden. Wir nehmen aber nicht alle Dinge bewusst wahr, handeln gedankenlos, d. h. ohne Wachbewusstsein, schreiben im Buch eine falsche Zahl, buchen einen falschen Namen, legen einen Schlüssel gut weg – und wissen es nicht mehr, weil andere Gedanken dabei größere Aufmerksamkeit gefunden haben. In den zuerst durchsuchten Erinnerungsfächern ist das jetzt dringend Gesuchte nicht zu finden! Ratlos wird überlegt: Wo...?
Oft kann der Pendel helfen! Geh in Gedanken alle Räume und Schränke und Bücher durch, halte den Pendel und beobachte ihn, er wird anschlagen, wenn deine Gedanken den richtigen Platz streifen! Wenn du eine Zeichnung der Örtlichkeit hast, führe den Pendel darüber! Er zeigt auf Landschaftsfotografien Wasseradern, mineralische Vorkommen an, er kann auch den gesuchten Gegenstand anzeigen.
Du hast eine Stelle gelesen, die dir jetzt wichtig wird: Wo ist sie zu finden?
Der Pendel wird anschlagen, wenn du die Bücher der Reihe nach in die Hand nimmst. Du musst aber deine Gedanken, wie bei allen diesen Versuchen, auf die Stelle vereinigen!
Eine Buchhalterin schreibt: „Der Abschluss stimmt nicht. Eine junge Frau lieh ihren Ehering, mir wurde ein Haar ausgerissen, das gibt zusammen einen Pendel. Die Bücher wurden der Reihe nach geschlossen hingelegt, der Pendel bezeichnete genau die Bücher, in denen die Fehler standen. Sie wurden bald gefunden.“
Goethe meinte einmal: „Man darf den Buben nicht alles sagen.“ Hoffentlich habe ich nun nicht zu viel gesagt! Über die natürlichen Grenzen darf nicht gegangen werden, sonst wird ein uferloses Gebiet betreten, auf das sich der letzte Abschnitt des Büchleins bezieht. Wer daher die natürlichen Grenzen des Unterbewusstseins nicht erkennen kann, unterlasse diese Befragung.

Die kleinen Hunde

6 kleine Hunde auf dem Tisch, 6 Reflektanten[31] darum. Wie verteilen? Also: Den Pendel her! Bald hatte jeder Reflektant seinen Hund durch Einkreisung zugesprochen erhalten, bei jedem war es nur ein Hund, der Kreise mit seinem neuen Herrn bildete, es gab keinen Streit, aber lautes Hallo und Fröhlichkeit. Das Experiment wurde von zwei Pendlern durchgeführt, beide hatten dasselbe Ergebnis.

Der Diebstahl

Hat jemand jemanden bestohlen? Die Charakterpendelung erwähnt die Diebstahlslinie bei der verdächtigen Person, also ist die Möglichkeit gegeben. Jetzt prüfen wir folgendermaßen: Der Pendel wird über ein Schriftstück, ein Bild oder die Hand des Verdächtigen gehalten, die Linke berührt einen Gegenstand des Bestohlenen. Zeichnet nun der Pendel gleich die Diebstahlslinie, ist der Verdacht sehr begründet! Diese Linie ist durch Auspendeln des Wortes Diebstahl zu finden. Zu diesem Experiment ist die volle Beherrschung des Pendels erforderlich! Es lässt sich für manche andere Sache auch verwenden!

Eine irrige Behauptung

Herr Zacharias behauptet irrigerweise, die Schwingungen des Pendels würden fast aufhören, wenn die Augen des Pendlers nicht auf den Pendel gerichtet wären. In Experimentalvorträgen habe ich immer die Unrichtigkeit dieser Behauptung bewiesen, während ich, ins Publikum sehend, gesprochen habe und meine Gedanken auf meinen Vortrag vereinigte, hielt ich den Pendel, der unentwegt in Bewegung war, allerdings, da ohne Direktion, sich mit allen möglichen Schwingungen belustigte.

Auspendeln, ob in Briefen einzelne Wörter wahr oder unwahr sind

Ich lüge. – Ich spreche die Wahrheit.

Es werden die einzelnen Wörter und Sätze ausgependelt. Dabei werden wahre Aussagen eingekreist, bei unwahren folgt auf die erste Kreislinie schnell ein Querstrich. Ich habe oben geschrieben: Ich lüge. Ich habe jedoch keine andere Lüge ausgesprochen, als was ich niedergeschrieben habe, mit den Gefühlen, als hätte ich eine Unwahrheit niedergeschrieben. Folglich ist es eine Unwahrheit, da ich keine Unwahrheit ausgesprochen oder geschrieben habe. Ich erhalte eine

[31] Reflektant *(lateinisch)* bedeutet Bewerber. (rs)

Kreislinie mit nachfolgenden Querstrichen. Der folgende Satz ist wahr, da ich damit die Wahrheit niedergeschrieben habe. Folglich erhalte ich nur Kreise.
Es gibt gefühlsbetonte Grade der Wahrheit. So kann die Behauptung „Ich liebe dich“ eine laue Liebe und eine leidenschaftliche Liebe angeben. Die Stärke und Lebhaftigkeit der Kreise werden als Gradmesser dienen.
Dieser Querstrich bei Unwahrheiten stellt eine schlechte Charakteranlage fest, die im Augenblick des Schreibens das Wesen ausmacht, daher kommt die Linie für Minderwertigkeit und Unterwertigkeit im fraglichen Sinne heraus. Der Querstrich zeigt eben in jedem Fall das Fehlen von den untersuchten Eigenschaften fest.

Der Pendel bei der Berufsberatung

Da der Pendel Charakter und Anlagen aufschließt, so kann er besser zur Berufsberatung dienen, als die Berufsberatungsstellen mit ihren Apparaten es vermögen. Denn diese geben nur den *augenblicklichen* Zustand an, während der Pendel die *Grundlage* schildert, die durch vorübergehende Einflüsse guter oder schlechter Natur nicht in täuschender Form erscheint. Es seien daher einige Gesichtspunkte aufgestellt, die beim Nachdenken im besonderen Fall zur richtigen Fragestellung dienen sollen.

Der Arzt. Dieser Beruf wird gar nicht selten ergriffen, weil die Ertragsaussichten locken. Zu einem wirklichen geborenen Arzt sind jedoch Anlagen vonnöten, die durchaus nicht Sache des Studiums sind. Weil diese nicht beachtet werden, so gibt es eine Unzahl ungeeigneter Ärzte.
Der Verkehr mit kranken Personen stellt an die Körperschaft die stärksten Anforderungen. Die Ausstrahlungen der Kranken wirken schädigend auf den Arzt ein, die erschöpfte Natur der Kranken sucht aus den Ausstrahlungen der Umgebung Kräfte heranzuziehen, der Arzt erleidet daher bei jeder Behandlung einen Kräfteentzug. Ist die Psyche sehr negativ, so leidet sie unter den durch den Anblick der Kranken erregten Nerven. Ist andererseits die Psyche zu hart, so schadet der Arzt durch Empfindungslosigkeit. Weder darf beim Arzt das fühllose Verstandesleben überwiegen, noch das eindrucksvolle Gefühlsleben, beides muss vorhanden sein, in harmonischer Mischung. Mit nacktem Buchwissen kann kein Arzt heilen, er muss daher ein starkes Einfühlungsvermögen haben, er muss ureigentlich sensitiv sein, hellfühlend, halbmedial, dennoch unter Wahrung seiner vollen Persönlichkeit.
Der Heilmeister erfühlt das Leiden, erfühlt die Wirkungsart der Heilmittel, er hat die Gabe, Krankheit und Wirkung eines Mittels abzuschätzen. Alles Dinge, die kein Buch und kein Professor lehren können. Es ist Sache der inneren Entwicklung.
Alles, was an Ärzten getadelt wird, betrifft auch nur die Menge der Unberufenen, nie der Berufenen. Der pendelfähige Arzt hat einen großen Vorsprung gegenüber

dem des Pendels unfähigen. Ich habe es genug erfahren, wie der pendelnde Arzt sich als geborener Heilkünstler erwies.

Der Pastor. Das ist nicht der Theologe schlechthin. Der Unterschied besteht in der verschiedenen Aufgabe. Der Theologe ist seelisch unbeteiligt an seinem Werk, er seziert die Kirchenschriften, wie der Vivisektor[32] seinen Hund. Textkritisch, philologische Untersuchungen haben nichts von Religion an sich, der wissenschaftlich tätige Theologe benötigt auch keinen Kirchenglauben, er muss kritischen Verstand haben, weiter nichts, dazu die Gabe der Formung seiner Gedanken in Wort und Schrift; er muss Lehrereigenschaften haben.

Der Pastor ist vornehmlich Seelenarzt, sein Kirchendienst wendet sich immer an die Seele der Gläubigen. Ihm ist die kritische Forschertätigkeit des Theologen abträglich, denn es ist ihm nachteilig, wenn er über Religion anders denkt, als es die Kirche, der er zufällig angehört, lehrt. Er wirkt weniger durch Schärfung des Verstandes, durch Herausarbeitung der religiösen Grundbegriffe, als vielmehr durch Einwirkung auf die Seele und durch diese auf die Denk- und Handlungsweise der Gläubigen.

Wir suchen daher nur solche Studenten für den Kirchendienst aus, die viel verständig geleitetes Gemüt haben, wortgewaltig sind, die Gedanken in eindringlicher Rede aussprechen können. Schärfe der Gedanken mag einige Intellektuelle fesseln, der Kirchendienst wendet sich jedoch nicht an den Intellekt, viel besser ist dagegen Begeisterungsfähigkeit. Notwendig: gemäßigte Sinnlichkeit, Beständigkeit, Lauterkeit. Diese Eigenschaften zeigt der Pendel an.

Der Jurist. Dieser muss einen kritischen Geist haben, wenn es möglich ist, verbunden mit lauterer Gesinnung. Er muss sehr wortgewandt sein, schnell denken und kombinieren können, beweglich sein, mit Hörfähigkeit für die feinen Untertöne, die aus den Worten und Handlungen erklingen. Er muss ein gutes Gedächtnis haben und „Verständnis" für Gerechtigkeit, weil diese mit den zeitlichen Gesetzen oft im Widerspruch steht. Der Jurist muss sehr anpassungsfähig sein, muss sich jeden Augenblick in ein anderes Verhältnis versetzen können. Er selbst darf an keiner Meinung haften, er ist ein umso besserer Anwalt, wenn er charakterlos ist. Mindestens muss er verstehen, Beruf und Privatleben völlig voneinander zu trennen. Er muss für seinen Klienten Partei ergreifen, auch wenn dieser Unrecht hat, selbst dem Raubmörder muss er noch Sympathisches abgewinnen und mit Überzeugung vertreten.

---

[32] Eine Vivisektion ist ein (nichttherapeutischer) Eingriff am Lebenden (heute meist am Tier, früher auch am Menschen) im Gegensatz zur Nekropsie. Sie wird zur wissenschaftlichen Forschung oder auch Erprobung von Operationsmethoden durchgeführt (früher auch zu Lehrzwecken, wie der Froschschenkelversuch im Medizinstudium). Vivisektionen erfolgen in der Regel unter Narkose oder Lokalanästhesie. Vivisektionen sind aus Gründen des Tierschutzes umstritten, sie dürfen nur unter Befolgung der Auflagen des Tierschutzgesetzes durchgeführt werden. Zitiert nach: http://de.wikipedia.org/wiki/Vivisektion. (rs)

Woraus hervorgeht, dass bei einem Anwalt Gemüt und Gefühl Hindernisse im Beruf sind. Die Verstandeslinie muss überwiegen. Daneben Egoismus. Man wird begreifen, dass die Juristen am geeignetsten für Politik und Regierung erachtet werden.

Der Lehrer. Es ist purer Unverstand, dass vom Schullehrer ein Übermaß von Kenntnissen verlangt wird, denn es ist völlig unnötig. Was er haben muss: Gemüt, Mitgefühl, Einfühlungsvermögen in die Seele der kleinen und heranwachsenden Kinder. Diese soll er bilden; was daneben an praktischen Kenntnissen notwendig ist, erfordert für die Volksschule kein akademisches Studium. Die Pädagogik ist kein Lernfach, sondern ein Weck- und Ausbildungsfach. Da nur ein einwandfreier Charakter Charaktere bilden und heranziehen kann, so ist dieser durchaus erforderlich. Der Lehrer darf nicht unter erotischen Leidenschaften leiden, weder soll er Liebhaber noch Sadist sein. Die leichteste Andeutung einer perversen Linie macht für den Lehrerberuf ungeeignet. Und er muss Ruhe und Geduld haben, ohne das ist alles vergebens. Milde verbunden mit Ernst.
Der naturwissenschaftliche Lehrer muss Beobachtungs- und Vergleichsfähigkeiten haben, er muss kritisch sein, ein gutes geistiges Verständnis haben, alles das ohne Fehlen des vorher Ausbedungenen.
Sobald der Lehrer die Linie des Egoismus und der Herrschsucht zeigt, muss er die Eignung zum Schul*leiter* haben, sonst ist er für den Unterricht ein gänzlich Ungeeigneter.

Der Kaufmann. Verstand muss überwiegen, Beweglichkeit, Anpassungsfähigkeit, die Gegenlinie des Verstandes in das Unterbewusstsein muss ausgeprägt in die Augen fallen. Und er soll die Linie der Ehrlichkeit zeigen, denn unehrliche Kaufleute haben keinen Dauererfolg. Wie bei allen anderen Berufen ist auch bei diesem jede sexuelle und triebhafte Leidenschaft schädigend. Der Kaufmann muss jedoch Gemüt haben, Mitgefühl, Fantasie, denn ohne diese Eigenschaften vermag er nicht zu werden und ein Kaufmann ohne Werbeverständnis ist eine Unmöglichkeit. Dazu großer Ordnungssinn.

Der Handwerker. Die Schwierigkeit, welche bei Sensitiven besteht, muss gewürdigt werden. Metallarbeiter, Dachdecker, Seeleute, überhaupt viele Berufe dürfen nicht sensitiv sein. Vor allem muss der Handwerker ruhig und ausdauernd sein. Wer ein geborener Jurist und Berichterstatter für Zeitungen ist, taugt nie zum Handwerk. Die geistige Linie kann ruhig fehlen, die Verstandeslinie genügt hier mäßigen Anforderungen. Man sehe auf ruhige, harmonische Linien und auf Ehrlichkeit. Die Anforderungen des besonderen Faches sind für sich zu prüfen.

Und die Hausfrau? Da ist in erster Linie ein schönes Pendelbild im Feld des Gemütes und Trieblebens notwendig. Es schadet durchaus nicht, wenn nebenbei auch das geistige Leben vorhanden ist, aber zwischen die Wahl gestellt, zwischen einer Frau mit schönem Pendelbild auf der Gemütsseite und einem sehr flauen auf der geistigen Seite, und einer Frau, wo diese Seite entwickelt ist und die Gemütsseite flauer, ist die erstere unbedingt vorzuziehen.

Das Schlimmste ist jedes Anzeichen für Hysterie, dann für Herrschsucht.

Was sonst für Forderungen an eine wirkliche Hausfrau gestellt werden müssen, ist ziemlich bekannt. Ruhe, Geduld, Verstehen, Unermüdlichkeit, das sind so Tugenden, die zum Glück in der Ehe durchaus notwendig sind. Eine Ehefrau ist noch keine Hausfrau, das ist zu beachten! Sie kann Geliebte sein, Partnerin bei Vergnügungen, aber keine Hausfrau. Die derzeitige Hausfrauenausbildung auf intellektueller Grundlage kann die frühere Erziehung durch Hausfrauen selbst nicht ersetzen. Da für jeden anderen Beruf Vorbildung verlangt wird, so sollte niemand Hausfrau heißen, wer es nicht vermocht hat, wenigstens ein Jahr als Hausangestellte dienend tätig zu sein.

Pendler und Pendel

Ich will einen Brief schreiben lassen, da habe ich zwei Wege zur Verfügung, entweder sage ich meiner Hilfe: Schreiben Sie in diesem Sinne dies und das, und die Hilfsperson ist mit ihrer Eigenheit eingeschaltet. Oder ich diktiere gleich in die Maschine oder Feder, dann ist die Hilfsperson ein Organ von mir, erfüllt von meinen Gedanken und Absichten, sie ist ein Werkzeug. Was sie schreibt, ist von mir geschrieben, wie ja auch meine Schreibmaschine mein Werkzeug ist und ihre Schrift pendelt wie meine Federhandschrift, denn auch die Feder ist ein Werkzeug.

In diesen Beziehungen können wir den Pendel zu uns stellen. Ich kann dem Pendel Eigenart und Eigenwirkung zubilligen, dann wird er seine „Persönlichkeit" einschalten und die Pendelfiguren danach ablenken. Das geschieht, wenn ich denke: Der Pendel ist von Gold oder von Messing oder von Glas, Kautschuk, Holz, er wird durch die Eigenstrahlung die Ergebnisse ablenken. Ja, es geschieht! Genauso, wie wenn ich mehrere Hilfen habe und diese in meinem Auftrag Briefe schreiben. Jeder Brief wird die Art des Schreibens durch die Auspendelung erkennen lassen, aber hat das irgendwelchen Bezug auf mich? Das berührt mich doch gar nicht! Daher sind alle derartigen Experimente höchst überflüssig und abwegig, es wird etwas bewiesen, was zu beweisen überflüssig ist.

Daher schalten wir die Eigenart des Pendels erst gar nicht ein, er wird uns dann auch nichts sagen, was nicht mehr ursprünglich genau ist.

Charakterpendelungen

Naturvölker liefern fesselnde Unterlagen für Charakterpendelungen. Da wird die Beschreibung des Pendels lehrreicher als eine Reisebeschreibung. Was bei den Angehörigen von Naturvölkern gleich auffällt, ist die überstarke Betonung der Trieblinien. Da ist vornehmlich die flache, liegende Ellipse, die am stärksten

betont wird. Die Linie des Ego, der senkrechte Strich, ist nur andeutungsweise vorhanden, ebenso ist die Geistigkeit nur schwach ausgewiesen, dagegen fand ich oft eine überraschende Betonung des künstlerischen Verständnisses. Gutmütigkeit durch Fehlen von Hass und Rachelinien wird fast ausnahmslos ausgewiesen.
Die Unterlagen für solche Forschungen bieten die Tiefdruckwiedergaben der bebilderten Zeitschriften recht oft.
So habe ich eben vor mir liegen: Die Koralle, August 1930, Seite 223, Bilder aus dem Volksleben der Südsee. Da ist ein Mann, der den geschmückten Leichnam seiner verstorbenen jungen Frau hält und so betrauert, umgeben von drei anderen Frauen.
Die links sitzende Frau pendelt links, über dem Kopf die Gedankenform: kleine und sehr zusammengedrückte Ellipse, es wird nur träumend getrauert, ohne eigentliches Nachdenken. Dann die Leiche. Starke Betonung der Kunstlinie. Versuch einer Auspendelung der Gedanken vergeblich, der tote Mensch denkt nicht mehr. Auch ein Versuch, die Todesursache auszupendeln, misslingt. Der traurig blickende Witwer denkt auch nicht, er empfindet nur Trennungsschmerz, angezeigt durch langsame, flache, liegende Ellipsen, jedoch stärker und positiver als die der links sitzenden Frau. Ähnliche Ergebnisse liefert der Pendel auch bei den beiden anderen Frauen. Im Ganzen ein rührendes Bild.
S. 221. Neun kauernde Frauen im Kreis, tief gebeugt über die Schwangerschaftskleidung einer Frau, die durch Ausatmen bei der Aussprache von Zauberworten fähig gemacht wird, jedem bösen Zauber zu widerstehen. Über den Köpfen eine starke Gedankenform, die zuerst sehr lebhafte weite liegende Ellipsen, dann ebenso weite Kreise pendelt. Als wie die Umrisse einer geflügelten Sonnenscheibe.
Wer etwas sensitiv ist und sich zu beobachten vermag, empfindet bei solchen Pendelbildern auch Farben. Dieses Bild der geflügelten Sonne erscheint mir in strahlendem Goldgelb. Hingegen erschien mir die Trauerfigur auf dem zuerst erwähnten Bild als silbergrau mit schwarzbraunen Flecken. Da diese Farbeindrücke nicht gelehrt werden können, erwähne ich sie nur, damit die Pendler versuchen, solche Fähigkeiten in sich zu entwickeln. Man beobachtet dabei die Spitze des Pendels.
Auf Seite 220 ist die Abbildung eines Junggesellenhauses, wo das unverheiratete Jungvolk des Nachts der Liebe lebt. Von den davor hockenden Personen zeigt der Pendel bei der links sitzenden einen eindeutigen Ost-West-Strich. Über dem Eingang sind Figuren in den Tragbalken geschnitzt, die auf die Geschlechtsorgane deuten und auch entsprechend pendeln. Diese Ornamente sind demnach mit dem Bewusstsein ihrer natürlichen Bedeutung geschnitzt worden! Dabei fehlt jede Gemeinheit, der Lichtbildner ist sich der Bedeutung der Ornamente auch nicht bewusst geworden. Damit will ich auf ein neues Gebiet der Pendelforschung hinweisen: Bewusste Ornamentik bei den Naturvölkern. Bei unseren sogenannten Kulturvölkern ist eine rein natürlich empfundene Symbolik dieser Art unmöglich, sie fällt dann gleich ins Niedrig-Gemeine.

Dieses Heft enthält überhaupt viel, was einen Pendler reizen kann. Auf Seite 197 spritzt ein Arzt einer Opuntie (Kaktuspflanze) Krebsgift ein. Daneben steht eine andere Opuntie, die bereits gespritzt war und nun eine starke Krebsgeschwulst zeigt. Opuntien pendeln, wie sich leicht jeder überzeugen kann, eine schmale senkrechte Ellipse, wie eine Frau. Das pendeln auch die abgebildeten Pflanzen, nur die Krebsgeschwulst weicht stark ab und pendelt Ost-West. Genauso pendelt das Krebsgift in der Spritze!
Weiter! Auf Seite 229 ist ein Mann in einem Solenoid[33] abgebildet, er sitzt, um das zu erklären, in einer Art runden Käfig, die Drähte werden durch hochfrequentierte Wellen stark strahlend gemacht, in diesem Strahlenwirbel sitzt der Mann und dass soll seiner Gesuchtheit förderlich sein und man stellt das mit der Zeileisbehandlung[34] in Vergleich. Dieser Wirbel erfasst auch unseren Pendel, er wird in starke und schnelle Kreise versetzt und diese lassen nur eine Deutung zu: Es sind männliche Kräfte und die mehr oder weniger starken Kreise, die das Bild oder der Körper eines Mannes verursacht, können auch Hochfrequenzströme sein!
Erinnern wir uns, was Georg Lakhovsky[35] schreibt: La vie est née de la radition.
Wer nun dieses Heft der Koralle nicht hat, kommt auch nicht in Verlegenheit, da jede Wochenzeitschrift irgendwelches pendelfähige Bild bringt, das dazu dienen kann, dazu zu lernen.

Der Mensch und sein Horoskop

Nachdem es feststand, dass Mars an einem Eckhaus des Geburtshoroskops stehend die Polarität der Person verkehrte, drängte sich der Gedanke auf, der Pendel könne auch wohl andere astrologische Einzelheiten des Horoskops angeben. Zuerst lenkte sich die Aufmerksamkeit auf Versuche, bei unbekannter Geburtsstunde den Aszendenten nach Zeichen und Grad auszupendeln. Mir sind derartige Ergebnisse mitgeteilt, die teils richtig, teils falsch, teils nicht nachprüfbar waren. Daher habe ich mich zunächst kritisch verhalten und halte auch heute noch große Vorsicht für das Gebot der Forschung.
Bei den Erpendelungen des Aszendenten liegen meistens entweder Bilder oder Handschriften unter dem Pendel. Der Kenner kann aus beiden auf Aszendenten

---

33 Das Wort Solenoid bezieht sich auf ein elektrotechnisches Bauteil.

34 Valentin Zeileis ist der Erfinder der Zeileisbehandlung. Dabei werden hochfrequente impulsförmige Strombüschelentladungen über Haut und Nervenbahnen in tieferliegende Organe geleitet, die dadurch beeinflusst und Heilungsprozesse eingeleitet werden. Weitere Informationen dazu unter: http://www.zeileis.at. (rs)

35 Georges Lakhovsky setzte voraus, dass alle lebenden Zellen (Pflanzen, Menschen, Bakterien usw.) elektrische Eigenschaften haben (Strahlen aussenden) und die nichtmaterielle Schwingung die Grundlage des Lebens ist. Krankheit wäre demnach ein gestörtes Gleichgewicht der zellularen Schwingung. (rs)

schließen. Da ist es wahrscheinlich nicht Bild oder Brief, was den Pendel leitet, sondern das Unterbewusstsein! Dieses führt aber in solchem Fall in die Irre. Hingegen lehrt uns die Polarisierung einen Weg, der zu sicheren, wenn auch beschränkten Ergebnissen führt.

Mars ist positiv und demnach linksdrehend. Seine Pendelbahn vom VII. Feld her kennen wir, wie ist es, wenn er im ersten Haus steht? Vor mir liegt das Bild zweier Geschwister.[36] Das 4-jährige Mädel hat Mars im I. Haus im Zeichen Stier, das ¼-jährige Bübchen im VII. Haus, auch im Zeichen Stier und zwar im Grad des Aszendenten der Schwester. Dieser Grad ist von der Mutter her vererbt, Mars am Horizont hingegen vom Vater, der Mars im Zeichen Widder hat. Der Junge pendelt nach der Regel verkehrt. Das Mädchen pendelt rechts herum, wenn der Pendel über die Nasenwurzel gehalten wird, jedoch verkehrt über dem rechten Auge! Das Auge wähle ich, weil es ein fester Punkt ist. Gut, die weibliche rechte Seite ist positiv. Bei weiteren Untersuchungen komme ich zu der Meinung: Jedes Organ, in dem Mars von seinem Stand im Horoskop her wirkt, wird umpolarisiert und es pendelt links drehend! Folglich verändert Mars im I. Feld auch die Polarität und begrenzt damit das Eheglück. Nachforschungen in meinem astrologischen Archiv ergeben viele Bestätigungen.

Wenn der Pendler nun alle Organe des Körpers abpendelt und er kommt auf eins, das linksdrehend pendelt, so kann er darin Mars suchen. Alle anderen Planeten verändern die Polarität nicht! Wenn jedoch Planeten als Regenten der Organe schwer verletzt sind, so zeigt der Pendel es über dem Organ an. Der Pendler muss also diese im Sinne der Astrologie auspendeln, dann kann er erkennen, dass ein Planet im zugehörigen Zeichen steht.

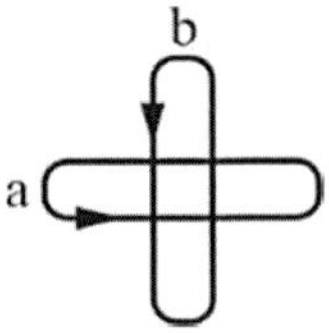

a: Mars steht am Horizont in I oder VII.
b: Mars steht am Meridian in X oder IV.

Bei Rechtsdrehung in den benachbarten Häusern!

Diese Art Auspendelung kann nur Sache von Astrologen sein, für diese genügt das Mitgeteilte vollkommen, für Pendler ohne astrologische Kenntnisse hat diese Arbeit keinen Sinn.

Der astrologische Pendler wird nun lernen, alle jene Zeichen durch den Pendel zu erkennen, die starken Einfluss auf die Person haben. Wenn der Pendel bei einem Zeichen eine lebhafte *liegende* Ellipse erhält, kann er an den Horizont im Horoskop denken, er ist ihm nahe.

Wir schließen demnach vom Organ auf die astrologische Beeinflussung, hier befinden wir uns auf gesetzmäßigem Boden der Forschung. Hingegen ist die Methode, vom Tierkreis ausgehend den Aszendenten zu suchen – man legt Bild oder

[36] *Siehe Abbildung 9.*

Brief auf ein Horoskopformular und sucht mit dem Pendel eine verbindende Linie –, gänzlich auf Täuschung gerichtet.
Jeder Mensch hat bestimmte Zuneigungen und Abneigungen gegenüber bestimmten Pflanzen. Es ist wie bei der Anziehung und Abstoßung der Menschen untereinander. Die Zuneigung bedeutet keine Werterhöhung der Pflanze (oder des Menschen!) an sich, sondern nur eine Ergänzung der eigenen Ausstrahlung durch die andere. Folglich ist die Ablehnung auch keine Wertminderung.
Gerade an Pflanzen, die der Mensch in seiner Nähe und Umgebung, in seinem Wohnzimmer zieht, kann die Eigenart von Mensch und Pflanze gut beobachtet werden. Wobei das für Pflanzen gültige ohne weiteres auch auf Tiere zutrifft.
Vieles lässt sich durch Beispiele am ehesten klarmachen. Es gibt Pflanzen, die geistig zum Menschen sprechen, andere seelisch. Alle duftenden Pflanzen wirken auf die Seele, wenn jedoch die Formen, der Aufbau, das Verhalten gegenüber der Umwelt, Zuneigung erweckt, so ist das eine rein geistige Angelegenheit.
Stark durch Venus beeinflusste Personen werden Venuspflanzen mit Duft lieben. Wie Rose und Veilchen. Und da Rosen leicht zugänglich sind, kann diese Blumen für Venus untersucht werden. Ich habe die Rosen sehr gern, weil ich Venus erhöht im Horoskop habe. Ich verbinde die Untersuchung mit dem Venusfinger, dem Daumenballen. Der Pendel stellt sofort zwischen Daumenballen und Rose durch lebhafte Kreise die gegenseitige harmonische Anziehung fest, bei allen anderen Fingern schlägt der Pendel einen Ablehnungsstrich. Da Venus Seele und Empfinden bedeutet, so spricht die Rose zu meiner Seele.
Unter Mars, der meinen Geist regiert, da er im IX. Haus des Horoskops steht, leben die Kakteen. Einen Marsfinger haben wir im ersten Daumenglied, und einen Marsberg, unter dem kleinen Finger zwischen Kopflinie und Herzlinie. Ich prüfe meine Kakteen und finde starke Ausschläge in Kreisform, Ablehnung beim Merkurfinger (Kleinfinger), Saturnfinger (Mittelfinger) und Daumenballen (Venusfinger), hingegen noch sympathische kleine Kreise beim Sonnenfinger (Goldfinger) und Jupiterfinger (Zeigefinger). In der Tat, meine Sammlung der stacheligen Freunde zieht mich geistig an, ich habe sie als Studienobjekte und -subjekte, deren Befinden ich täglich überwache. Liebenswürdige Freunde meiner Schriften wollen ja auch in meinem Schreibstil den stacheligen Mars erkennen, aber bei meiner Gutmütigkeit doch sicher übertrieben. Etwas Satire und Ironie gebe ich zu, mehr aber nicht.
Also: Wir lernen hier auf einmal ein Stück kosmische Harmonie, die Sprache der Sterne widerhallt in der Hand und die daraus herrührenden Ausstrahlungen zwingen zur Gesellschaft von Pflanze und Tier.
Gehe ich mit dem Pendel in den Wald, kann ich meinen Steinbock-Sonneneinfluss erkennen. Folglich kann aus den Liebhabereien und Leidenkönnen (d. h. jede Zuneigung zwingt auch Leiden auf, was mir meine stacheligen Marsfreunde mehrfach in Erinnerung gebracht haben) auf die astrale Veranlagung

geschlossen werden. Um hier die Prüfungen zu erleichtern, führe ich eine Anzahl Pflanzen und Tiere auf, die unter Planeten gemäß alter Erfahrung stehen.

Planet Sonne:

Pflanzen: Lorbeer, Zeder, Palme, Esche, Weinstock, Rosmarin, Majoran.

Tiere: Löwe, Krokodil, Fuchs, Widder, Wolf, Adler, Schwan, Hahn, Rabe.

Metall: Gold.

Element: Feuer.

Planet Mond:

Pflanzen: Palme, Ysop[37], Ölbaum.

Tiere: Hunde, Schweine, Hirschkühe, Ziegen, Affen, Panther, Katzen, Hyänen, Amphibien, Biber, Otter, Mäuse, Gänse, Enten, Wasservögel, Wespen, Bienen, Käfer.

Metall: Silber.

Element: Wasser.

Planet Saturn:

Pflanzen: Asphodille[38], Raute, Kümmel, Mohn, Zypresse, Pinie, Efeu.

Tiere: Maulwurf, Esel, Wolf, Hase, Kater, Maultier, Kamel, Bär, Kröte, Skorpion, Nattern, Schlangen, Kranich, Strauß, Pfau, Uhu, Eule, Fledermaus, Rabe, Aal, Hai, Austern.

Metall: Blei.

Element: Erde.

Planet Jupiter;

Pflanzen: Wollblume, Basilika, Ochsenzunge, Muskat, Lavendel, Minze, Alant[39], Veilchen, Bilsenkraut, Eiche, Kastanie, Buche, Hasel, Pappel, Feige, Birne, Apfel, Weinstock, Olive, Korn, Rosinen, Zucker, Mandel, Rhabarber.

Tiere: Hirsch, Stier, Elefant, Schaf, Hühner, Schwalbe, Storch, Adler, Delfin, Wels.

Metall: Zinn.

Element: Luft.

---

37 Ysop war bereits zu Zeiten des Hippokrates nicht nur als symbolisches Kraut im Einsatz, sondern auch als heilendes Kraut bekannt. Man könnte den Ysop sogar als Allheilmittel bezeichnen bei der Vielzahl an Krankheiten, die durch dieses Kraut beseitigt werden können. Die Perser nutzten es wiederum in einem Wasser als Körperlotion, um der Haut eine zarte Färbung zu geben. Andere volkstümliche Namen für Ysop: Bienenkraut, Chilchsuppe, Duftisoppe, Essigkraut, Gewürzysop, Hisopo, Hyssop, Ibsche, Isop, Ispen, Ispenkraut, Josefkraut, Söpli. Der Ysop wächst sehr üppig am Mittelmeer, aber auch in verschiedenen anderen Gegenden Europas einschließlich der Britischen Inseln, wo es wahrscheinlich durch die Römer eingeführt wurde. Mit ein bisschen Glück kann man den Ysop jedoch auch in Sibirien und im Himalaja finden. Quelle: www.heilfastenkur.de/pflanzen_ysop.shtml. (rs)

38 Mit Asphodille ist vermutlich die Lilie gemeint. (rs)

39 Der ursprünglich aus Asien stammende Alant gehörte früher in jeden Bauerngarten. Heute ist er jedoch nur noch in den Bauerngärten im Gebirge verbreitet und ansonsten weitgehend in Vergessenheit geraten. Dabei ist er eine vielseitige Heilpflanze. In Thüringen wird er noch im großen Stil angebaut. Weitere Namen des Alants lauten: Aletwürze, Altwurz, Darmwurz, Edelwurz, Glockenwurz, Großer Heinrich, Krätzenwurz, Odinskopf.
Zitiert nach: www.heilkraeuter.de/lexikon/alant.htm. (rs)

Planet Mars:

Pflanzen: Nieswurz, Knoblauch, Rettig, Seidelbast, Sturmhut, Disteln, Nesseln, Kakteen, Zwiebeln, Lauch, Kornelkirsche.

Tiere: Pferd, Bock, Wolf, Panther, Giftschlangen, Flöhe, Mücken, Falke, Habicht, Geier, Weihe, Krähen, Specht, Hecht, Barbe, Rochen.

Metall: Eisen, Stahl.

Element: Feuer.

Planet Venus:

Pflanzen: Eisenkraut, Veilchen, Frauenhaar, Baldrian, Thymian, Ambra, Sandelholz, Gewürzpflanzen, Obst, Rose, Myrthe, Mistel.

Tiere: Junge Hunde und Katzen, Kaninchen, Mutterschafe, Ziegen, Bock, Kalb, Schwan, Bachstelze, Pelikan, Taube, Sperling.

Metall: Kupfer.

Element: Luft und Wasser.

Planet Merkur:

Pflanzen: Hasel, Fünffingerkraut, Erdrauch, Pimpernelle, Petersilie.

Tiere: Hunde, Affen, Füchse, Wiesel, Zwittertiere, Hyänen, Stieglitz, Amsel, Drossel, Lerche, Nachtigall, Papagei, Elster, Polyp, Meeräsche.

Metall: Quecksilber, Wismut.

Element: Wasser.

Das ist nur ein Auszug, die astrologische Fachliteratur bietet darüber Ausführliches. Jeder Planet hat seinen Charakter und seine Wirkung, auf den Menschen ist der ganze Organismus aufgeteilt. Da auch die Pflanzen und Tiere nach Körper und Wesensart von verschiedenen Seiten her betrachtet werden können, so werden sie auch von verschiedenen Planeten regiert.

Mars im Eck-Haus des Horoskops

Über keine Sache ist wohl mehr an mich herangetreten worden, als meine Behauptung, Mars bewirke an diesen Stellen verkehrte Polarität und verhinderte ein dauerndes Zusammenleben mit normal polarisierten Personen. Viele Beispiele sind mir mitgeteilt worden und ebenso viele Bestätigungen. Man braucht nur viele Personen mit einer Vielzahl von erlebten Ehen untersuchen und so stößt der Forscher auf Mars. Wenn hierbei auf die Pole beim Magnetismus hingewiesen wird, auf die Elektrizität, so muss immer beachtet werden, dass dies Beispiele sind, um es begreiflich zu machen. Die Strahlungen selbst sind etwas anderes, durchaus verschieden, auch von dem tierischen (Heil-)Magnetismus. Das hat schon Karl von Reichenbach auseinandergesetzt.

Wir kommen der Sache näher, wenn wir sagen: rechts ist negativ, links positiv. Der Norden ist negativ, der Süden positiv. Das Gesicht ist positiv, der Rücken negativ.

Es gibt Personen, die nie auf die Dauer anziehen, sondern die immer kommen und vorübergehen, meist auch nicht zur Heirat kommen, wenn aber, den Ehepartner unterdrücken. Im Ganzen unerfreuliche Personen. Bei diesen fand ich Mars auf der Spitze vom VIII. Haus. Ihre Teilnahme wurde lediglich durch die Geldverhältnisse der verbundenen Personen gelenkt. Pendelergebnis: schwache Linksdrehung, schwache Rechtsdrehung, das immer im kurzen Wechsel. Weder kalt noch warm, kaum lau. Man rate von jeder Heirat und jeder engen Verbindung ab. Leider hatte ich keine Gelegenheit festzustellen, ob diese Personen mit Blumen, Pflanzen und Tieren ein vertrautes Zusammenleben ermöglichen! Freundliche Leser, die dazu Gelegenheit haben, bitte ich um Mitteilung. Nämlich nur, ob das überhaupt vorkommt und ob, wenn es zu bemerken ist, eine innere Verbundenheit mit den Naturwesen besteht oder nur ein erzwungenes Kerkerdasein. Denn wie der normale Mensch etwas zum Liebhaben um sich sehen will, damit Zusammenleben erstrebt, so wollen anders geartete Menschen auch etwas zum Peinigen und Quälen um sich haben, ist es mit Menschen nicht möglich, zwingen sie käufliche Wesen der Natur unter sich. Bisher erlebte ich nur diesen Fall, möchte aber auch mal die bessere Möglichkeit erfahren.

Mars in Verbindung mit Jupiter hebt die Wirkung auf! Eine Dame mit beiden eng verbundenen Planeten pendelt die Linksdrehung nur angedeutet, dann sofort Rechtspendelung.

Personen mit Mars auf den Spitzen der nachfolgenden Häuser sind nicht polarisiert, es kommt weder eine entschiedene Rechts- noch Linksdrehung vor. Die fehlende Polarisierung nimmt den Menschen die Anziehungskraft, sie werden nirgends recht warm und machen auch nicht warm, es sind gewissermaßen Außenseiter der Menschheit, die lauen Unbeachteten. Dann bestimmt Mars einen sehr tatkräftigen Ehepartner, der seine eigenen Wege geht, je nach dem Zeichen geformt, in dem er steht.

Wirkungen der Aspekte

Nachdem es nun einwandfrei feststeht, dass 1. Mars einen bestimmenden Einfluss auf die Pendellinien eines Menschen hat und 2. auch alle anderen Planeten charakterbeeinflussend sind, so stehen wir vor der Erkenntnis, dass im Pendelbild einer Person die astralen Konstellationen einschließlich der Aspekte zum Ausdruck kommen. Für „Erdenstoffe" hat *Dr. Kolisko* durch eine seltsame Art der Anfärbung[40] bereits ersichtlich gemacht, wo die Planeten selbst die Lichtbildner sind; der Pendel führt den Beweis für den Menschen.

Wie jeder andere Planet ist Mars auch keine unabänderlich gleiche Kraft, er ist in einem Fall, weil gut aspektiert, sehr nützlich, im andern, weil schlecht aspektiert, sehr schädlich.

---

[40] *Sternenwirken in Erdenstoffe. Orient-Occident-Verlag, Stuttgart.*

Auch wenn Krankheiten ausgependelt werden, so pendeln wir deutlich die Kraftwirkungen von schlecht aspektierten Planeten.
Das führt weiterhin zur Erkenntnis, dass nicht jeder Pendler dem andern gleich sein kann. Es untersteht die Pendelei als solche dem Planeten Uranus, der alle kosmischen, elektrischen und magnetischen Strahlungen regiert. Namentlich sind die Aspekte des Mondes von Bedeutung, da dieser die Lebensvorgänge im Körper leitet. Wer in seinem Horoskop schlechte Aspekte zwischen Mond, Mars und Uranus hat, dürfte kein mustergültiger Pendler sein. Bei mir stehen diese Planeten im günstigen Winkel (Δ). Man wird künftig von jedem schriftstellernden Pendler verlangen, dass er seine Aspekte bekannt gibt, am besten das volle Horoskop. Mein Horoskop ist in meinem astrologischen Deutungswerk in allen Auflagen vorgesetzt worden.
Eine andere Selbstverständlichkeit: Die Pendelfiguren der Planeten sind, wie bereits in Band III angedeutet, täglich je nach Aspektwirkung verschieden, die eigene Aspektierung im Horoskop der Pendler wirkt ebenfalls durch den Pendler, alle Verschiedenheiten in den Pendelbildern gehen auf diese Ursache zurück.
In dem Buch *Der Mensch und seine Götter*, Berlin-Lichterfelde, veröffentlichte *Lena Voß* auf der Tafel 36 drei Bilder einer Künstlerin, die wegen Linksdrehung des Pendels Mars im VII. Haus haben musste. In ihrem zweiten Buch *Der Mensch und sein Schicksal*, Astraverlag Leipzig, veröffentlicht sie auch das Horoskop der inzwischen durch Freitod abgelebten Dame. Diese hatte sogar 4 Planeten im VII. Haus, nämlich Venus, Sonne und Saturn außer Mars, und das muss nach astrologischer Lehre eine Mehr- bis Vielzahl von ehelichen Verbindungen herbeiführen. Anschaulich schildert Lena Voß das Leben einer Künstlerin, die an ihren wechselnden Liebeserlebnissen zugrunde ging. Konnte ich Jupiter als denjenigen Planeten erkennen, der die Polarität wieder annähernd herstellen kann, so müssen wir den drei oben genannten Planeten diese Wirkung absprechen.
Auf meine Bitte hat mir Frau Lena Voß die Bilder zum Abdruck gestattet, so dass der Lernende hier das Objekt für seine Untersuchung findet.
Also: Künstlerische Begabung als Bildhauerin und Kunstfotografin, Erotik, starkes Verbindungsbedürfnis ohne Aufgabe der ethischen Haltung. Tod. Und dämonische Besessenheit! Warf sich vor einen Eisenbahnzug, der sie tötete. Frau Lena Voß danke ich für Überlassung der Bilder. (Siehe Abbildung 13 und 14. am Ende des Buches)

Der magische Mensch

Wenn es der Pendler unternimmt, Geist und Seele eines Menschen auszupendeln, muss er sich fragen, was das für Dinge sind, die da strahlen und deshalb der Pendelforschung zugänglich. Materielle Stoffe sind es offenbar nicht, denn der Zergliederer des Körpers kann diese nicht vorweisen. So leicht alle Erklärungen sind,

die irdische Stoffe betreffen, so schwer ist das Gebiet, das in diesem Buch betreten ist, das sich mit uns, den Menschen, befasst.
Es gibt zwei mögliche Auffassungen: Entweder der Geist (Ich nehme das als Hauptbegriff an) ist eine Funktion des Stoffes, oder der Stoff ist eine Funktion des Geistes. Die materialistische Wissenschaft lehrt die erste Auffassung und sie unternimmt keine Untersuchung, die nicht mit dieser Meinung übereinstimmt; die andere ist die Lehre der Vitalisten. Vergeblich hat sich die materialistische Wissenschaft, die auch heute noch die Lehrstühle der Hochschule besetzt, bemüht, den Geist im Stoff zu finden, ihn durch irgendwelche Technik abzuscheiden wie ein chemisches Element. Denn Geistmangel ist das Leiden der materialistischen Wissenschaft. Anders die Vitalisten, die den Geist als das Ursprüngliche erklären, der den Stoff für seine Zwecke zusammenballt und durch ihn wirkt. Folgerichtig wird der Geist als außerhalb des Stoffes seiend angenommen, frei von jeder stofflichen Bindung.
Der Pendler zieht hieraus sofort die Schlussfolgerung, dass er nun die stoffliche Zusammenballung für sich untersuchen kann, und den darin wirkenden Geist ebenfalls. Das sind grundsätzliche Dinge, deren vielfältige Sondererscheinungen und Benennungen hier außer Acht gelassen werden, um den Plan leichter verständlich zu machen.
Den in unserem Körper wirkenden Geist nennen wir das „Magische Ich", dieses magische Ich in Verbindung mit dem Körper den „Magischen Menschen". Das magische Ich ist in uns schöpferisch tätig, es ist der Baumeister des Körpers und der Schöpfer des geistigen Lebens, seines Eigenlebens.
Ich, das heißt, mein magisches Ich, kann bewusst schöpfen. Und zwar am leichtesten im Geiste. Gedankenformen sind die Gebilde. Zunächst kann ich diese Bildung an Stoff binden und lösen, etwa an ein Blatt reines Papier. Nimm ein solches und halte den Pendel darüber, so wird dieser über dem Ungelebten, Geistlosen in Stillstand verharren. Nun binde an das Papier eine Gedankenbildung. Nimm es in die Hände, sieh darauf und denke sehr stark an eine Person. Diese Vorstellung heftet sich an das Papier, je nach der Stärke der Denkfähigkeit ist die Schöpfung der Gedankenform in ½ bis 2 Minuten fertig. Halte nun den Pendel darüber, so wird er sofort darüber alle Ausschläge und in derselben Reihenfolge machen, als wenn eine Handschrift oder ein Lichtbild zur Forschung diente. Wohlverstanden: Es wird die von dir geschaffene Persönlichkeit erforscht, nicht die anderswo im Stoff lebende! Da hierbei das magische Ich jedoch dein Unterbewusstsein mitwirken lässt, das dir wenig bekannt ist, so erfährt der Pendelforscher, wie sein Ich diese gedachte Person auffasst.
Die nächste Übung betreffe nicht mehr eine bekannte Person, sondern eine von dir geschaffenes Wesen. Forme nach Belieben Teufel und Engel, Tier- oder Menschengestalt und erkenne die Grenzen deiner Fähigkeit in der eigenen Forschung ungesehener Wesen! Diese Fähigkeit schwankt zwischen Unvermögen und Fruchtbarkeit. Somit kann der Pendelforscher auch erkennen, ob jemand die Eig-

nung zum Künstler hat oder nicht. Nicht nur bei sich, sondern bei jedem andern, der sich abmüht, eine eigene Schöpfung zu denken. Das setzt bei dem Pendler Beurteilungsvermögen voraus. Es ist aber höchst fesselnd, derartige Versuche zu machen, es lassen sich alle Formen und Gedanken damit abtasten. Gedanken durch das Mittel der Charakterpendelung, Formen durch Abtasten der Grenzen mit dem Pendel. Hier erinnere ich an das Experiment von Professor Wittmann, mitgeteilt im I. Band, der damit unverstanden seinen Besucher in die Irre geführt hat. Da jeder Körper, auch der Gedankenkörper, Grenzen hat, Umrisslinien, so lerne der Pendler zuerst an bekannten Gegenständen, das Abtasten der Körper.
Diese Versuche befestigen die Überzeugung von dem Dasein des schöpfungskräftigen magischen Menschen. Nun kann er einen Schritt weiter gehen und kann die Form zwischen seinen Händen bilden, sie knetend wie Bildhauerton, er kann sie ferner in der freien Luft bilden, entweder der Schöpfung einen bestimmten Platz anweisend, oder sie auf Reisen schicken. Der Auftrag wird mit Gedankenschnelle ausgeführt! Die Form oder das Wesen kennt kein Hindernis und kein Halt wird gemacht vor den dicksten Mauern der Gefängnisse und Verliese! Als Gedankenübertragung von jedermann erlebt, indem die eigenen Gedanken sich wirksam erzeigten oder fremde ankamen und im Ich wirkten.
Ungewollt, jedoch ungehemmt, übt das Magische Ich die Schöpfertätigkeit im Schlaf des Körpers als Traum aus.
Darum lebt und handelt eine geistige Körperwelt, an deren Dasein das magische Ich beteiligt ist.
Der unwissende Mensch benutzt die Kräfte unbewusst, der Wissende bewusst, er ist daher Magier.
Das Ich kann sogar solche Bildungen verselbständigen und von sich abspalten. Diesen Vorgang hat Professor Staudenmaier[41] in seinem Buch *Magie* als Erfahrungswissenschaft aus eigenen Erlebnissen geschildert. Einen Schritt weiter und wir sehen diese Spaltungswesen als Gespenst, als Phantom ein Eigenleben führen, das Unwissenden als Spuk unerklärbar ist.
Die medialen Fähigkeiten, wie Psychometrie (das „Sehen" vergangener Geschehnisse an Hand von odgeladenen Gegenständen, Briefen, Bildern), Prophetie (Wahrnehmung künftiger Ereignisse), Telepathie, Hellsehen sind durchweg Beweise für das Vorhandensein des magischen Ich und dessen Wirkungsmöglichkeiten. Alle Naturgesetze der materiellen Wissenschaft können diese Vorgänge nicht erklären.
Es ist mir nicht bekannt geworden, ob Spiritisten beweisen können, dass die Geister, die sie sehen und reden lassen, nicht solche Spaltungswesenheiten des magi-

---

[41] Das Buch „Die Magie als experimentelle Naturwissenschaft" ist heute noch erhältlich. Beschrieben werden die Selbststudien Prof. Staudenmaiers auf dem Gebiet des praktischen Spiritismus. Nachhaltig werden die Erfolge, aber auch Gefahren des Spiritismus gezeigt. (rs)

schen Menschen sind! Sie, die Gedankenabspaltungen, können von lebenden Menschen Materie leihen und werden darin sichtbar. Die Medienwaage stellt den vorübergehenden Gewichtsverlust klar vor Augen, registrierbar! Das als materieller Beweis!

Sehr kraftgeladene Spaltungswesenheiten können ein langes Leben führen, völlig unabhängig vom Schöpfer, doch innerhalb der Tätigkeitsgrenze, die von ihm gegeben worden ist. Kein neuer eigener Gedanke kann gefasst werden, deshalb widersprechen sich alle Geister der Spiritisten, deshalb können sie durchaus nichts mitteilen, was nicht innerhalb der Denkgrenzen des lebenden Menschen liegt. Alle Seher und Visionäre sehen die Bildungen ihrer eigenen Gedanken, alle Offenbarungen bringen nur diese zum Ausdruck! Meditation, Versenkung, führt nicht ins Innere der Natur, sondern ins eigene Innere, wobei allerdings das magische Ich weiter zu sehen vermag als das menschliche Auge. Wer vorzugsweise im Geist lebt, wird mehr sehen und erkennen als der nur materiell gerichtete Mensch. „Die Geisterwelt ist nicht verschlossen!“

Wie die Wissenschaftler unter den Vitalisten sich das denken, zeigt in trefflicher Weise *Dr. med. Walther Kröner*[42] in Nr. 9/1930 der Zeitschrift für Spagyrik, Verlag Chem.-Pharmazeutische Fabrik Göppingen (Apotheker Carl Müller) S. 413f.

„Der Spuk kann ausgehen vom Unterbewusstsein lebender Menschen, Traum, Somnambulisschlaf[43], Hypnose, körperliches oder seelisches Trauma, ekstatische, delirante, hysterische oder psychotische Zustände, der Augenblick eines starken Affektes, der Moment des Todes, kurz alle Formen der sogenannten Bewusstseinsspaltung, begünstigen das Auftreten dieser Spukform, bzw. es bildet sich die Bewusstseinsspaltung die Vorbedingung für das Auftreten von Spuk. Die Spaltung äußert sich darin, dass ein seelisches Etwas aus dem Unterbewusstsein austritt und sich vorübergehend materiell betätigt wie ein richtiges Lebewesen.

Dann gibt es Spukformen, bei denen ein lebender Sender nicht nachweisbar ist; dieser Spuk ist ortsgebunden, meist an den Schauplatz eines heftigen, schockartigen, tragischen Ereignisses, wie Mord oder Selbstmord, geknüpft. Gleichsam, als ob ein dort niedergeschlagener Affekt sich periodisch in Spukform wiederhole, ähnlich wie verdrängte Gefühlsergebnisse, im Unterbewusstsein neurotischer Personen in Form hysterischer Anfälle in die Bewusstseinszone projiziert und dort manifest werden.

Schließlich kommen Spukfälle vor, die den Anschein erwecken, als seien sie tatsächlich von Geistern Verstorbener verursacht oder bedeuteten sogar das körperliche Wiedererscheinen Verstorbener in Form eines mitunter nicht nur sichtbaren, sondern auch greifbaren Gespenstes.“

---

42 Auch von Dr. Walther Kröner kann man derzeit „Die Wiedergeburt des Magischen“ kaufen. (Neuaufgelegt im Bohmeier Verlag), (rs)

43 Unter Somnambulismus versteht man Schlafwandeln oder Mondsüchtigkeit. (rs)

Der Pendler kann sowohl seinen eigenen wie auch fremden Spukwesen forschend näher treten. Hat er starke magnetische Kräfte, kann er die fremden wie die eigenen Bildungen durch magnetische Striche vertreiben und vernichten durch neue Gedankenformen. Das leichteste ist das bereits erklärte Beseitigen eines Gedankenwesens an das Papierblatt. Nun ist es verständlich, dass kein Grund für Ängstlichkeit oder Furcht vorliegt. Umstritten ist noch die Frage, ob der ausgesandte Astralleib körperliche Schädigungen austeilen kann, ob er einen Gegner töten kann. Fürchtet der Magier solche Abspaltungen, so kann er sich durch einen magnetisch-magischen Mantel schützen.

Es ist hier nicht die Stelle, Magie zu lehren, es handelt sich nur darum, den Studierenden und Lesern das Verständnis für diese Dinge zu ermöglichen. Es bleiben sonst Vorgänge ungeklärt, die doch täglich mit dem Pendel erforscht werden.

Ich nannte eben den Astralkörper. Das ist das aus dem Körper ausgetretene magische Ich. Diese „Ausscheidung des Empfindungsvermögens“ kann künstlich vom Experimentator erfolgen, sie kann bewusst und unbewusst geschehen, gewollt und ungewollt und in verschiedenen Graden. Zuweilen liest man von Personen, die plötzlich verschwinden und nach Wochen irgendwo auftauchen, wo sie ohne Tagesbewusstsein wandern. Sie essen und trinken, wandern von Ort zu Ort, umgehen Hindernisse, sind jedoch nachher unfähig, sich dessen zu entsinnen. Ich kann diesen Zustand leicht bei mir herbeiführen und habe es oft getan, selbst als Radfahrer, stundenlang ohne Tagesbewusstsein zu fahren oder zu gehen. Es strengt weniger an, man erwacht am vorgenommenen Ziel frisch wie ausgeschlafen. Bei nächtlichen Fernfahrten bin ich durch dunkle Wälder und fremde Landstraßen gefahren, immer in einem schnelleren Tempo als am Tage, nie ist mir etwas zugestoßen.

Otto Wirz[44] hat diesen Zustand geschildert in seinem Roman *Geduckte Kraft, ein Wetterleuchten metaphysischer Kräfte* (J. Engelhorns Nachf. Stuttgart). Hat als Wissenschaftler darüber gesprochen und geschrieben. Das volle Verständnis hat nur der, der diese geheime und vom Tagesbewusstsein bedeckte Kraft kennt.

Der Nur-Träumer begnügt sich mit dem oft recht unklaren Formenspiel der nächtlichen unbewachten Gedanken, der Künstler bildet sie sichtbar nach. Oder hörbar. Er erfasst die Gebilde in klarer Form und bestimmter Bewegung, erkennt das magische Ich in jeder Bildung, er bildet es nach! Nur der echte große Künstler vermag eigene Formungen zu schaffen, der halbe oder unechte ist Nachahmer, er „schafft im Geiste seines großen Meisters“.

Nun wird es uns klar, dass alle Nachahmer und Nachdenker von einem fremden Geist besessen sind. Das kann eine sehr gutartige Besessenheit sein, aber auch das Böse findet Eingang.

Die okkult-magischen Erscheinungen sind keine Wunder, sie sind naturgesetzlich für die nicht materielle Welt, der das magische Ich zugehört. Der Mensch ist eine

---

44 „Gedruckte Kraft“ und andere Bücher von Otto Wirz gibt es im Antiquariat zu kaufen. (rs)

Vereinigung von Teilen der materiellen und geistig-urstofflichen Welt, sein Körper gehorcht den Gesetzen der Naturwelt, soweit die geistigen nicht anderes bestimmen. Gesetzlichkeit der Vorgänge ist auf beiden Gebieten (= Ebenen) vorhanden, sie sind erforschbar, der magische Mensch kann sich ihrer bedienen.
Jeder Mensch ist von Natur aus magisch, es handelt sich nur darum, ob ein Mensch dessen bewusst und wissend ist und ob er sich darin ausbildet oder nicht. Oder ob er ungebildet Knecht der magischen Kräfte ist.
Wie auf allen anderen Gebieten von den Nichtwissenden missverstanden, ist auch auf diesem Gebiet der praktischen Magie die „Mystik" nichts anderes als Wissen, naturgesetzliches Wissen. Nirgends ist wesenlose Schwärmerei und geheimnisvolles Getue weniger angebracht als hier. Nur ist verzücktes Schwärmen so viel leichter als die Erwerbung von Kenntnissen, die viele Arbeit und Verständnis voraussetzen.
Die berüchtigte „schwarze" Magie handelt von der Ausnutzung der magischen Kräfte zu selbstsüchtigen Zwecken, die zuweilen auch polizeilich verboten sind. Als Gegenstücke nenne ich den „schwarzen" Chemiker, der Giftgas zur Tötung von Menschen vorbereitet, den „schwarzen" Techniker, der für diesen Zweck Apparate und Maschinen baut. Die menschlichen Gesetze versagen hier völlig, zumal auftragsgemäß der „schwarze" Richter nicht den Geboten der Gerechtigkeit zu folgen hat, sondern seine Urteile auf Grund von Menschengeboten erlässt. Diese können ausgesprochen ungerecht und ungöttlich sein, was den „schwarzen" Richter nicht anficht.
Alles Menschliche ist unvollkommen und erzielt zuletzt gerade das Gegenteil des ursprünglich Erstrebten, „Vernunft wird Unsinn, Wohltat Plage". Ich kenne keine Einrichtung, die geschichtlich zu übersehen ist, die nicht Plage geworden wäre.
Die Erhaltung der Plage ist Gebot für alle dadurch Begünstigten. Wo Begünstigte dadurch Macht an sich gerissen haben, werden sie verführerisch die Benachteiligten irreführen und nur nach ihrem Wohlsein zu lehren erlauben. Also der Sinn des Egoismus.
Mit diesen Gedankengängen muss der Pendler vertraut sein, sonst wird er nie ein zutreffendes Charakterbild zeichnen können.

Und die Seele?

Der Seelenarzt kann nicht sagen, was eigentlich Seele ist, er versteht darunter gewisse Funktionen der Organe, verbunden mit dem ebenso unerklärbaren „Leben". Nur Wirkungen sind erkennbar; wer die Ursachen sucht und sogar, beeinflusst vom „Schicksal der Seele", dieses außerhalb des Körpers mit seinen Organen sucht, betritt das Gebiet des übersinnlichen Seins. Ziemlich allgemein angenommen wird die Seele als eine unsichtbare wirksame Daseinsform. Viele mögen sie sogar persönlich auffassen, im Körper in allen Teilen seiend und wirkend.

So viel ist sicher: Das „Leben“ ist mit der *unbewussten* Triebseele verbunden, dieses leitet das körperliche und sinnliche Leben, Aufbau und Abbau, Bewegung, Wahrnehmung und Umsetzung. Die „Seelen-“ oder „Charaktereigenschaften“ deuten auf eine andere Seele hin, die mit Gefühl und Denken einhergeht.
Diese Seele, deren *wir uns bewusst* sind, ist *keine dauernde Einheit, sondern ein wandelbarer Komplex von Seelenelementen.* Dieser ist abhängig von Vererbung und den kosmischen Bedingungen, wie die Astrologie sie lehrt. Die Astrologie bietet auch die Möglichkeit, diese im Voraus zu berechnen. Auf die Stärke der Auswirkung hat das eigene Verhalten einen maßvollen Einfluss. Diese Möglichkeit wird als „freier Wille“ überschätzt. Die Seelenelemente sind astrologisch zu benennen und zu erklären und in der Vererbungsforschung rückwärts zu verfolgen. Diese Forschung, rein rechnerisch-sachlich vorgenommen, liefert die stärksten Beweise für die naturgesetzliche Grundlage der Astrologie. Die Darstellung dieses Forschungsgebietes führt weit über die Aufgaben dieses Büchleins hinaus und muss daher unterbleiben. Sie findet sich im astrologischen Schrifttum des Verfassers.

Fernsehen in Raum und Zeit

Ein bekanntes Bild als Erklärung für diese Erscheinung, die auch das sogenannte *Zweite Gesicht* umfasst: Ein Haus in einem langen Straßenzug, dazu zwei Menschen mit sonst gleichen Sinnesorganen, der eine steht vor dem Haus auf der Straße, sein Blickfeld ist begrenzt durch den Straßenverkehr eingeschränkt. Der andere steht in einer höheren Etage auf einem vorgebauten Balkon, ihn stört nicht der unten vorüberflutende Straßenverkehr, er sieht viel weiter straßauf, straßab. Er kann herankommende Erscheinungen und Vorgänge bereits sehen, wenn der unten stehende Mensch noch keine Ahnung davon hat. Er ist Prophet für diesen.
Die Menschen gleichen meistens dem unten Stehenden, besonders veranlagte Menschen haben den höheren weiteren Blick. Solche werden als Mediale falsch bezeichnet, es sind Hellseher. Keineswegs sehen sie alles richtig, Ursachen für Täuschungen gibt’s genug. Wertvoll ist die Gabe auch nicht, sie hat mehr den Wert einer an sich unbrauchbaren Seltsamkeit. Sie kann dazu dienen, das Vorhandensein der Gabe unter Beweis zu stellen, was sie als gesehen verkündet, ist unwichtig, es hat noch in keinem Fall etwas verhindert oder gebessert. Von den vielen Beispielen nenne ich den Finnmärker[45] Johannsen deshalb, weil dessen blöde „Gesichte“ immer noch gedruckt und verkauft werden. Ich befand mich in Stockholm, als der Mann während des Krieges dort auftauchte und ein geschäftsbeflissener Zeitungsmensch die unbeholfenen Erzählungen niederschrieb und veröffentlichte, es war eben ein feines Geschäft. Was als annähernd wahr angegeben wurde, lag bereits in der Vergangenheit und was als zukünftig angegeben,

[45] Die Finnmark ist ein Verwaltungsbezirk in Norwegen. (rs)

kann teilweise schon nicht mehr in Erfüllung gehen, weil die Zeit bereits verflossen ist. Das Gewerbe der Berichterstatter auf diesem Gebiet hatte nie ein günstigere Lage als während Krieg[46] und Nachkriegszeit, seitdem habe ich oft diesen Unfug in Wort und Schrift getadelt.
Es handelt sich um keine Wunder, das sei betont, auch nicht um eine wertvolle Gabe, das aus Erfahrung gesagt.
Wir müssen immer zuerst nach natürlichen Gründen und Ursachen suchen, ehe wir uns ins unbekannte und unkrautreiche Land der sich offenbarenden Geister begeben. Oft werden Tatsachen berichtet, die als „unzweifelhaft echte Verbindung mit den Verstorbenen und den Schutzgeistern" dargestellt werden. Gewiss, die Vorgänge sind echt, nur die Erklärungen nicht! Und da der Pendel hierbei eine bedeutende Rolle spielt, so muss darüber verhandelt werden. Ich lasse Berichte folgen, die sehr verführerisch aussehen, die aber durchaus natürlich mit Telepathie-Abspaltungen des Ich und Fernsehen zu erklären sind. Man wende nur richtige Bezeichnungen an! Dann wird der „Schutzgeist" eine geistig fernsehende Abspaltung, was die „Geister" sprechen und diktieren, betrifft immer Dinge, die entweder selbst bekannt oder telepathisch erhalten werden können. Dabei werden immer bezeichnende Masken für die Geister gewählt, die der eigenen Umwelt und Innenwelt entsprechen. Folglich fehlt es an der Übereinstimmung in den „Gesichten" und medialen Mitteilungen, unbedingt wird ein Schamane ganz andere „Gesichter" haben als Johannsen in Finnmarken und Frau Piependeckel in Posemuckel. Man wird mir überlegen entgegenhalten: Es gäbe ebenso viele „Heime" im Jenseits, als Menschensorten hienieden. Damit ist eine Hypothese durch eine zweite ... *nicht* bewiesen, weil das logischer Unsinn ist. Der Leser möge nun Berichte in derselben Weise kritisch beurteilen, wie ich geraten habe, es verbleibt nichts Übernatürliches!

Die Gedankenformen und ihre Auspendelung

Eine wichtige Bereicherung des vorliegenden Buches bietet die ausführliche Behandlung der Gedankenformen, die im VI. Band bei dem Kapitel Magie eine weitere Behandlung erhalten. Der unterrichtete Okkultist ist über diese Bildungen genau aufgeklärt, auch liegt seit Jahren ein Buch über diesen Gegenstand mit wertvollen Abbildungen von Annie Besant[47] und Leadbeeter vor. Mit dem Pendel ist noch niemand diesen Formen nachgegangen. Diese spuken nämlich auch in

[46] Hier bezieht sich der Autor auf den 1. Weltkrieg von 1914 bis 1918. (rs)

[47] Annie Besant (1847–1933) war eine britische Frauenrechtlerin, Schriftstellerin und Politikerin. Sie schloss sich der Theosophischen Lehre von Helena Blavatski an. Ab 1983 in Indien, Präsidentin der Theosophischen Gesellschaft. Behauptete 1919, in Jiddu Krishnamurti einen neuen Weltenlehrer entdeckt zu haben. Anhängerin der indischen Freiheitsbewegung. 1918 Präsidentin des indischen Nationalkongresses.
Zitiert nach: www.astroschmid.ch/Horoskope/Waage/besant_anie.htm. (rs)

Lichtbild und Handschrift! Ist es nicht reizvoll, bei jedem Menschen seine Gedanken lesen zu können?
Die Gedankenformen befinden sich über dem Kopf, 2-3 Zentimeter darüber. Der Pendel findet sie sofort, wenn auf dem Lichtbild, vom Kopf aufsteigend, der Pendel höher geführt wird. Sobald er eine Form gefunden hat, beginnt er auszuschlagen. Die Beurteilung erfolgt genau nach dem Schema für Charakterpendelung. Es ist daher kein neuer Stoff zu lernen. Bei Briefen ist in Gedanken der Kopf zu bilden, der Pendel wird höher geführt und das Experiment gelingt. Ja, jedes Wort kann für sich untersucht werden, wer genug Zeit hat, kann alle Gedanken des Schreibers erkennen und diese mit den geschriebenen Worten vergleichen.
Selbstverständlich: Mit dem Tod hört das Denken auf. Wenigstens habe ich noch keine Form gefunden. Dagegen ist die Seele kurze Zeit nach dem Tod noch nachweisbar.
Bei einzelnen Buchstaben oder kleinen Köpfen in Gruppenbildern wird der Strahlensammler benutzt, der bei all diesen Untersuchungen sehr nützlich ist.
Es möge keine Enttäuschung verursachen, wenn auf manchem Bild sogenannter prominenter Personen just ein armseliges Gedankenbildchen ermittelt wird.
Auch lebende Tiere bilden solche Formen!
Die Auspendelung der Gedankenformen über dem Kopf gibt das Mittel ab, die richtigen Ausschläge für jedes Gefühl und jede Regung zu erkennen. Die illustrierten Blätter in Kupfertiefdruckätzung bieten geeignetes Material in reicher Fülle, da diese sich meistens wie Lichtbilder auspendeln lassen.
Beispiele:
Eine Kunstschule wird aufs Land geführt und die Schüler sitzen verteilt herum und zeichnen. Die Charaktere mögen sonst sein wie sie wollen, hier pendelt bei allen gleichmäßig der Ausschlag für Kunst.
Toscanini[48] bei einer Klavierprobe zum Tristan: dieselbe Linie!
Sieger in anstrengenden Wettbewerben: meistens nichts! Sie lachen fast krampfhaft, aber Kraft zum Denken fehlt.
Ein untersuchender wissenschaftlicher Arzt: Linie für Geistigkeit. Die untersuchten Personen denken überhaupt nichts, sie sind in dem Augenblick gänzlich ausgeschaltet. Es handelt sich nicht um Kranke. Als jedoch der Arzt zwei Mädchen ausmisst und die Beine daraufhin untersucht, denken die Mädchen triebhaft sexuell.
Ein Segelmädel hat sich für Bildreklame fotografieren lassen und lacht den Beschauer an: Ja, ich bin hübsch, sehr selbstbewusst und stolz; dann bricht das Ge-

---

[48] Arturo Toscanini (1867–1957) war ein italienischer Dirigent und gilt allgemein als einer der größten seiner Zeit. Berühmt war er vor allem für seine Ludwig-van-Beethoven- und Giuseppe-Verdi-Interpretationen. 1937 spielte er die erste Komplettaufnahme der Neun Sinfonien von Beethoven mit dem NBC Symphony Orchestra ein. Seine letzte Aufnahme 1954 war zugleich seine einzige Stereoaufnahme überhaupt.
Zitiert nach: http://de.wikipedia.org/wiki/Arturo_Toscanini. (rs)

fühl durch, Liebe ... aber in diesem Fall wird nicht an Liebesgenuss gedacht, aber man fühlt sich begehrt und wird Liebe wiedergeben, wenn der Anstand und die Form gewahrt sind. Also ein anständiges, hübsches, etwas eitles Mädchen.
Schreck und höchste Gefahren lähmen das Denkorgan, der Pendel steht über den Gedankenformen still, während die körperliche Auspendelung nebst zugehörigen Charakterpendeln in jedem Fall die übliche Auskunft gibt. Die Denkstarre wird Pendelstarre, nichts Wesenloses, sondern gewaltsam Gefesseltes.
Ein Kaplan und ein Mönch sehen einem Volkstanz der Katalanen zu. Bei dem Kaplan freundliche Gefühlskreise im rechten oberen Quadranten, bei dem Mönch ein Ost-West-Strich, der durch den Gesichtsausdruck erklärt wird. Die tanzenden Männer und Frauen erhalten meistens einen Kunstkreis, also unter dem horizontalen Strich. Bei den Tanzenden ist demnach kein sexuelles Triebleben in Bewegung gesetzt worden.
Bei Turnern wird das Denken auch ausgeschaltet, man sagt, alle Gedanken wären auf das Ziel gerichtet, das ist wohl nicht richtig, nur der Wille ist darauf gerichtet, das ist etwas anderes. Denken nimmt Kraft in Anspruch, ist daher etwas Hemmendes bei körperlichem Wettstreit. Daher ist zwischen künstlerischem und gymnastischem Tanz ein Unterschied festzustellen. Der Pendel stellt es fest.
Überhaupt ist zu bemerken, dass bei dem Geknipstwerden das Denken weniger geübt, als vielmehr ausgeschaltet ist. Im Leben wird es sonst auch oft nicht anders sein. Viele Leute lesen viel, ohne dabei zu denken! Zeitvergeudung!

Mutter und Sohn oder Hexe und Besessenheit

Aus einer ausländischen jüdischen Familie stammend, von der der erwähnte Bruder in Hamburg mir noch dem Namen nach bekannt war.
Das Bild der Mutter zeigt Nadelstiche, die von magischen Versuchen herrühren, der Frau Schädigungen beizufügen. Der Sohn ist gebildet und vermag sich sehr fließend auszudrücken. Er schreibt:
„Meine Mutter ... hat Sadismus bereits mit der Muttermilch eingezogen, ihr Vater pflegte seine Söhne im Beisein der Töchter auf den nackten Steiß zu hauen. Dieser Sadismus vererbte sich sonderbar genug nur auf meine Mutter und ihren kürzlich in Hamburg verstorbenen Bruder ... Dass meine Mutter eine Hexe geworden ist, daran ist in erster Linie ihre große, noch im 73. Lebensjahr vollpotente, Sinnlichkeit und der in ihr noch immer fortwirkende Sadismus schuld. Sie prügelte mich oft und grimmig, sie tut es noch heute – vampirisch-telepathisch.
Dass so etwas möglich sei, würde ein Nichtokkultist für Wahnsinn halten, selbst geschulte Okkultisten wissen nicht immer davon. Doch ... es ist so!
Man kann die Hiebe hören, wie sie, außer auf meinen Körper, aufs Bettgestell niedersausen. Die Anfälle, die eine solche magische Vergewaltigung mit sich bringen, erschüttern das ganze Nervensystem.

Ich fühle, als ob Gehirn und Rückgrat sprunghaft ihren Ort verließen, als ob jeder Nerv seinen Platz verließe, um sich einen anderen Ort im Körper zu suchen.
Ohne zu wissen, welche Empfindungen die Fallsucht[49] hervorbringt, getraue ich mich als kühler Beobachter zu behaupten, dass die oben beschriebenen Anfälle ihrer Natur nach denen der Epilepsie sehr ähnlich sein müssen ... das kleine Übel Epilepsie ... ich meine, es ist groß genug! Die Anfälle kommen meistens nachts. Jeder Anfall wirkt wie eine starke Pollution[50] ...
Ich wandte mich an einen französischen Mystiker in Paris, von dem ich die herzlose Antwort erhielt: „Vous n'y sortez plus."[51]
Der Begriff Mutter ist bei allen Völkern der Erde ein geheiligter. Dennoch gibt es Mütter, die diesen sonst heiligen Begriff schändlich entweihen, wie es meine Frau Mutter tut. Dieselbe hat schon in ihren und meinen jungen Jahren (73 bzw. 43 Jahre alt) ein geschlechtliches Verlangen nach mir gehabt, dem ich mehr aus scheuem Naturinstinkt als aus damals noch dämmerhaften ethischen Gründen entsetzt die Spitze bot ... Sadistin aus dem ff, verfiel sie später, als sie mich nicht mehr züchtigen konnte, auf den Gedanken, mich zu notzüchtigen. Dies schlug fehl, nun fing sie an, mich in ganz hurenhafter Weise zu Beischlaf heranzulocken ..."
Ich breche die weitergehenden Schilderungen ab, es genügt!
Das Bild der Mutter ist eine wahre Qual beim Auspendeln. Sobald der Pendel die Gedankenformen über dem Kopf suchen soll, wird er gewaltsam zurückgedrängt. Es ist überhaupt keine ordentliche Linie zu pendeln, Oberbewusstsein gewissermaßen ausgeschaltet, das Unterbewusstsein sehr übel. Es wird dem Pendler ganz übel. (Siehe Abbildungen 11 und 12 am Ende des Buches.)
Der bedauernswerte Sohn ist schwer nervenleidend, er bekommt einen Querstrich!
Das übrige mögen die Leser selbst herauspendeln! Die Blutverwandtschaft wird bestätigt. Sympathie wird verneint, es kommt ein kräftiger Trennstrich zwischen Mutter und Sohn.

---

49 Unter Epilepsie (oder Fallsucht) versteht man eine Krankheit, deren Kennzeichen eine regelmäßig auftretende anfallsartige elektrische Entladung in größeren Bereichen des Gehirns mit einem vorübergehenden Ausfall der Gehirnfunktion ist. Einzeln auftretende Krampfanfälle können auch bei Nicht-Epileptikern auftreten, z.B. als Folge von Stress oder Erschöpfung. Weitere Synonyme für den Begriff Epilepsie sind Sankt-Veits-Krankheit (oder Veits-Tanz) oder *Morbus sacer* (= heilige Krankheit).
Zitiert nach: http://www.orthopedia-shop.de/glossar/lexikon-Epilepsie. (rs)

50 Mit Pollution wird der unkontrollierte (meist nachts beim Schlafen) Samenabgang bei Männern bezeichnet. (rs)

51 Ungefähre Übersetzung: „Da kommen Sie nicht mehr heraus." (rs)

Besessene sind zu erkennen an den schlechten Gedankenformen, die jede Regelmäßigkeit vermissen lassen; an Querstrichen über dem Gehirn; an krausen Ausschlägen aller Art und an den fehlenden Ausschlägen für Verstand und Geist bei wilden Ausschlägen im Feld des Unterbewusstseins. Sexuelle Besessenheit ist besonders unerfreulich in der Wirkung, zumal wenn weibliche Personen dieser Art sich auch noch gern entblößen. Allenfalls sind die körperlichen Wirkungen in Gestalt von plötzlichen Schwellungen und stigmaähnlichen Gebilden bemerkenswert. Aber die Ausstrahlungen vertreiben jeden Gesunden.

Erkennen medialer Personen

Vielleicht kann der Pendel dazu beitragen, den Schwindelokkultismus zu bekämpfen, wenn er feststellen kann, ob eine Person wirklich die Fähigkeit eines Hellsehers hat und medial ist oder nicht. Ich fand das bei dem Auspendeln von Gedankenbildern. Geringe Ausschläge für Verstand und Geist, dafür viele und kräftige ovale Ellipsen über der Stirn. Also keine Querstriche, sondern gute, liegende Ellipsen. Wem sich Gelegenheit bietet, kann es nachprüfen.

Dasselbe Pendelbild ergibt die Prüfung des Gedankenbildes. Ich füge das Bild einer Hellseherin zur Prüfung bei. Diese Dame konnte die früheren Inkarnationen sehen. Mir beschrieb sie auch meine nächstfolgende.

Die Adresse kann nicht mitgeteilt werden. (Siehe Abbildung 15 am Ende des Buches.)

Der Hellseher *Max Moecke*[52] *in Berlin* ist insofern besonders wichtig, weil er bei voller wissenschaftlicher Schulung mit dem Tagesbewusstsein „sieht". Sein Lichtbild sowie seine Handschrift lassen sich gleich erfolgreich auspendeln. Seine Gedankenformen heben sich insofern ab, als sie nicht nur die liegende Ellipse zeigen, die ich als Kennzeichen der Medialität nannte, sondern auch Ellipsen links geneigt, aufgerichtet und rechts geneigt. Diese drei Ellipsen deute ich: links geneigt – mit kritischem Verstand, aufgerichtet – mit Selbstbewusstsein, rechts geneigt – mit eindrucksvollem Gemüt. Demnach muss die liegende Ellipse allein das Übersinnliche andeuten. Das erscheint umso mehr zutreffend, als die *sehr ausgeweitete* liegende Ellipse auf höchste geistige Verbundenheit deutet. Dazu gibt uns das Buddha-Bild eine neue Unterlage. (Siehe Abbildung 10 am Ende des Buches.)

---

[52] Max Moecke war ein Psi-Phänomen der 30er Jahre und sorgte vor allem mit seinen Erfolgen im Spiel-Kasino für Aufsehen. (rs)

Die neue Inkarnation Buddhas

Es sei dahin gestellt, ob es Buddha Gautoma[53] ist oder ein anderer, der sich in Tibet regelmäßig als Dalai Lama wiedergeboren sieht. Gegenüber lächelnder Abwehr führe ich dessen Bild hier vor und lade die Pendlergemeinde ein, dieses auszupendeln. Es wird nach einem Klischee nochmals klischiert, ob daher die Kräfte ausreichend sind, muss abgewartet werden. Dann kann jedenfalls noch das Bild selber betrachtet werden. Nie sah ich ein gleiches Kind. Nie gab ein Kinderbild derartige Ausschläge, die das Erhabenste ausdrücken, was je gependelt wurde. Dieses Kinderbild liefert bereits Gedankenformen über dem Kopf, die nur hochstehenden Geistern zustehen. (Siehe Abbildung 16 am Ende des Buches.)

Auspendeln des Wertes von Büchern

Das wurde als möglich behauptet. Da es mir nicht möglich ist, derart ein Buch zu beurteilen, der Einband oder die Druckausstattung jedoch kein Urteil gestatten, so stellte ich einem Herrn die Titel von Büchern, die er nicht kennen konnte, zu. Daraufhin erhielt ich Beurteilungen, deren Unrichtigkeit mir klar war. Bei einem Buch, das jahrelange Vorstudien erfordert hatte, gewissermaßen eine Lebensarbeit, wurde geurteilt: 9 % wahre Angaben, es ist lediglich auf Fantasie aufgebaut, grundlegende Studien werden verneint.

Ein anderes sehr wertvolles Buch eines bedeutenden Wissenschaftlers erhielt folgendes Urteil: Ist zu empfehlen, hat aber weniger Bedeutung.

---

[53] Der Buddhismus ist eine der ältesten und größten Religionen der Welt. Er entwuchs aus den Lehren, die Gautoma Buddha, „der Erleuchtete“, vor ungefähr 2.300 Jahren in Indien verkündet hatte. Die Grundsätze des Buddhismus wurden von dem Buddha in den Vier Edlen Wahrheiten ausgelegt. Diese besagen, dass alles Leben Leid ist. Leid wird durch unsere Neigungen und Abneigungen verursacht. Es gibt jedoch einen Weg, der aus dem Leid herausführt. Leid kann durch die Praktiken des Buddhismus überwunden werden. Seit der Zeit des Buddhas ist daraus eine Religion entstanden, die sich in drei Hauptzweige aufteilte. Mahayana und Hinayana-Buddhismus konzentrieren sich auf die religiösen Aspekte des Buddhismus, ähnlich, wie im Westen der Christlichen Glaube aufgenommen wurde. Der dritte Zweig ist Vajrayana-Buddhismus, der dem Japanischen Zen-Buddhismus sehr ähnlich ist und auch „Kurzer Pfad“ genannt wird. In Zen und Vajrayana wird der Buddhismus weniger als „Religion“ betrachtet. Vielmehr ist es eine Art zu Leben. Die Praxis der Meditation, zusammen mit der Praxis der Achtsamkeit, werden benutzt, um die Erleuchtung extrem schnell zu erlangen. Anwender nutzen jeden Teil des täglichen Lebens als Werkzeug, um auf den Pfad zur Erleuchtung zügig fortzuschreiten. Die Erleuchtung ist ein Zustand, bei dem der Kreislauf von Geburt und Tod gebrochen ist und das Bewusstsein vollkommen ist. In der Praxis des Vajrayana und Zen-Buddhismus geht man davon aus, dass die Erleuchtung in unserem jetzigen Leben erreichbar ist.
Zitiert nach: www.zenmind.com/deutsch/buddhism_de.html. (rs)

Eine Broschüre, die lediglich Kritik enthielt und keine Folgen hat, wurde allerdings als bedeutungslos hingestellt, was sonst an Ratschlägen hinzugetan wurde, ließ erkennen, dass der Inhalt auf falschem Gebiet vermutet worden ist.
Ein wichtiges philosophisches Buch wurde gänzlich abgelehnt, es wäre besser ungeschrieben geblieben, es sei nur aus Ruhmsucht geschrieben worden.
Dieses Ergebnis hat mich nur in meiner Auffassung bestärkt, dass diese Pendelei besser unterbleibt. Die Titel haben suggestiv gewirkt und ich gestehe, die Auswahl so getroffen zu haben, dass über den Inhalt eine falsche Meinung erweckt werden konnte. Geschah das und spiegelte sich weiter diese falsche Auffassung im Pendelergebnis wider, so war der Beweis erbracht, dass der Pendel den Inhalt der Bücher überhaupt nicht beurteilt hat, was er einfach nicht kann, sondern den Pendler.
Und so geschah es.

Ermittlung des Alters

Diese Auspendelung wird von den einzelnen Pendlern ganz verschiedenartig gehandhabt. Ich selbst befasse mich mit keiner Methode und ermittle das Alter nicht.
Ein Pendler erklärt, die Zahl der Ausschläge würde mit den Lebensjahren übereinstimmen. Das habe ich nachgeprüft, finde jedoch diese Zahl abhängig von der Lebenskraft, bei gesunden Kindern höher als bei gesunden Greisen.
Ein anderer Pendler fragt den Pendel darum, der soll es wissen. Woher? Das ist mir unerfindlich! Also sogenanntes spiritistisches Pendeln, wo der Pendler nicht den Antwortgeber kennt. Diese Methode wendet z. B. *Heinrich Jürgens*[54] an. Dieser beschreibt, wie er einen neuen Roman auspendelt, den Inhalt, auch den oder die Verfasserin. Er bezeichnet das als „Feststellung". Als wenn es sich um Tatsachen handele! Ob die Antworten stimmen oder nicht, das darf man glauben oder nicht. Zuerst müsste ein Verfasser, der ernst genommen sein will, die Quelle der Antworten untersuchen und als glaubhaft nachweisen. Ohne das ist es übelster „Okkultismus" der täuschendsten Sorte.
Echtes spiritistisches Pendeln ist es auch nicht, da kein Geist zum Pendel spricht.
Sogar das Wetter soll nach *Vöckler* der Pendel angeben! Ich hatte bisher immer noch die Meinung, der Mensch sei mehr wetterfühlig als die „lieben Verstorbenen" im Jenseits oder im Messingpendel, die eigentlich kein Organ für Wetterfühligkeit mehr haben.

---

[54] Von Heinrich Jürgens erschien 1953 das Buch „Pendelpraxis und Pendelmagie". Zurzeit ist von ihm u. a. „Die Wünschelrute und ihr Gebrauch" im Handel erhältlich. (rs)

Die Sonne im Zimmer

Zwischen den Strahlen der Sonne im Freien und im Zimmer ist ein erheblicher Unterschied. Diese sind gemischt positiv und negativ. Das gewöhnliche Fensterglas lässt nur die positiven Strahlen durch, dieser Mangel zwingt zum Öffnen der Fenster bei Sonnenschein. Die Zimmer-Sonnenstrahlen sind jedermann unangenehm, im Gegensatz zu den Strahlen im Freien. Nun gibt es neuerdings eine Glasart, die im Zeitalter des Radiums natürlich radioaktiv benannt wird.[55] Dieses Glas lässt nur die negativen Strahlen durch. Ich habe mit dem Pendel Folgendes ermittelt, wobei ich der Sicherheit halber mit Pflanzen arbeitete:

Strahl der Sonne im Freien	
Strahl der Sonne durch Glas (gewöhnlich)	
Strahl der Sonne durch Glas (radioaktiv)	
Strahl der Sonne durch beide Gläser, eng aufeinander	

Erläuterung zur dieser Tabelle: Diese Figuren beweisen, dass die Pflanzen weder mit dem einen noch dem anderen auskommen, hingegen volle Befriedigung haben, wenn die Sonne durch beide Scheiben scheint. Derselbe Wert gilt für uns Menschen! Die Unterschiede in der Größe der Pendelbahnen entsprechen der Weite der Pendelschläge.

Der Pendel in der Wohnung

Unsere Bautechniker und Städtebauer nehmen auf die Gesundheit der Bewohner ihrer Häuser keine Rücksicht, das Gelände wird unbekümmert um die gesundheitlichen Folgen nach verkehrstechnischen Grundsätzen aufgeteilt. Gewiss ist der Verkehr wichtig, es sollen Unfälle vermieden werden – müssen diese auf Kosten der Gesundheit der Bewohner, nicht der Passanten erstrebt werden? Nach den in Band III gegebenen Gesichtspunkten müsste das Gelände zuerst auf Eignung in gesundheitlicher Beziehung untersucht werden, ist es dafür gut befunden, dann

---

[55] Ultraviolettstrahlungen sind elektromagnetische Wellen der Wellenlänge von etwa 380 bis 10 nm oder einer Frequenz von ca. 790 THz bis 30 PHz. Die Energie eines einzelnen Lichtquants liegt im Bereich von ca. 3,3 eV (380 nm) bis ca. 124 eV (10 nm). Ultraviolettstrahlung ist nicht sichtbar. Sie zählt jedoch zur Gruppe der *optischen Wellenlängen*, weshalb häufig der irreführende Begriff „UV-Licht" anzutreffen ist. ... Analog zur Radioaktivität und Röntgenstrahlung betrachtet man daher kurzwellige Ultraviolettstrahlung unterhalb ca. 200 nm als ionisierende Strahlung. Obwohl sie die ionisierende Strahlung mit der geringsten Energie pro Lichtquant ist, kann sie für den Menschen gefährlich sein. So ist unter anderem verantwortungsvoller Umgang mit Sonnenlicht (Sonnenschutz) angebracht, da Sonnenlicht einen hohen Anteil an Ultraviolettstrahlung enthält.
Zitiert nach: de.wikipedia.org/wiki/Ultraviolettstrahlung. (rs)

mögen die verkehrstechnischen Forderungen berücksichtigt werden. Es müsste heißen: Keine Bauten über Wasseradern, keine Wohnstraßen über Gelände mit stark radiumaktiver Strahlung. (Hierzu Wichtiges im III. Band).
Nachdem wir wissen, dass alles uns Umgebende strahlt, teils günstig, teils ungünstig, so vermögen wir für die Einrichtung der Wohnung Grundsätze aufzustellen, die zur Vermehrung der Wohnlichkeit dienen. Die Bedeutung für die einzelne Person ist verschieden, der Sensitive hat die meisten Vorteile durch deren Beachtung, doch auch für den Nichtsensitiven sind sie wichtig, weil alle Strahlungen, wenn auch unbemerkt, wirksam sind. Wie hochpotenzierte Arznei: Der Chemiker erkennt nur Wasser, der Baumeister im Körper die Heilkräfte.

1. Wähle nur hölzerne Möbel. An einem eisernen Schreibtisch kann auf Dauer keine gute Arbeit geleistet werden. Die Eisenmöbel der Operationsräume sind alles andere, nur nicht anziehend und behaglich.
2. Die Wände sind negativ. Sitzmöbel an die Wand gestellt sind für Sensitive unerträglich, da die Rückenseite ebenfalls negativ ist. Unruhe, Verrücken der Stühle, häufiges Aufspringen folgt! Der Sensitive fühlt sich behaglich gesetzt, wenn er die Wand ansieht.
3. Stelle den Arbeitstisch, den Schreibtisch gegen die Wand, am besten in nördlicher, negativer Himmelsrichtung. Die freistehenden Diplomatenschreibtische sind nicht tauglich für geistige Dauerarbeit. Ehe ich die Ursache erkannt hatte, war ich bereits gefühlsmäßig zu einem zweiten Schreibtisch gekommen, der diesen Anforderungen entspricht. Selbst die Richtung des frei stehenden Schreibtisches gen Norden wirkt nicht genügend.
4. Spiegel sind wegen der Quecksilberschicht stark positiv, sie dürfen daher nicht beim Arbeiten vor den Augen hängen. Die meisten Frauen können ihn nur an ihrer linken Seite ertragen. Sensitive verlieren beim Friseur, vor dem Spiegel sitzend, Ruhe und Geduld und werden zappelig.
5. Unvermeidliche eiserne Maschinen an eine Wand möglichst gen Norden oder Westen stellen, damit die Arbeit fruchtet.
6. Betten und Liegemöbel müssen mit den Füßen nach Norden oder Westen gerichtet werden, und zwar so, dass an der rechten Seite eine Wand ist. Ob unter Umständen die linke Wand geht, mag der Pendel entscheiden. Der Mensch wendet sich zum ruhigen Schlaf der Wand zu und die negative Seite der positiven Strahlung von unten zugewendet. Ich selbst hatte mein Bett erst an der linken Wand, jetzt an der rechten und schlafe besser. Auspendeln, wie in Band III gelehrt wurde.
7. Kein Geschirr zum Essen und Trinken aus Metall, das negative Glas und Porzellan ist angenehmer. Der Stolz der Frau richte sich auf feuerbeständiges irdenes Kochgeschirr. Beseitigung der Kupferküche, der Zinngefäße.
8. Die Stellung der Möbel und die Beleuchtung muss der Himmelsrichtung angepasst werden. Unsere Baumeister haben hiervon keinen Begriff, sonst würden sie nicht so viele unwohnliche Zimmer bauen! Die dauernde Behag-

lichkeit einer Wohnung ist davon durchaus abhängig! Viele wechseln aus Missvergnügen die Wohnung, weil sie die Ursache nicht kennen.

9. Deckenfarbe und Tapeten richtig auswählen. Kühle, blaue Farben sind Sensitiven angenehm. Rote, namentlich blutrote, wirken erregend, schlafhindernd. Eine sattblaue Zimmerdecke bei mir hat höchst günstig gewirkt, auch auf meine Besucher.
10. Vorsicht mit der Auswahl von Zimmerblumen! Was beim Menschen Geruch der Ausscheidungen von Geschlechtsdrüsen ist, nennen wir „Duft" bei den Blumen. Eine Frau, deren Zimmer stets parfümiert ist, lebt in einer geschlechtlich-sinnlich geladenen Luft, das passt für eine Dirne, die dauernd Bedarf für erregende Einflüsse hat. Wie schön sind die blühenden Geranien dem Auge, wie unerträglich ist deren Geruch! Der Aasgestank mancher Blumen, namentlich solcher von fleischfressenden Pflanzen, auch von Stapelien[56], findet bei entsprechenden Menschen ihr Gegenstück. „Liebreizende" Blumen dürfen sich nur Geliebte schenken, die sinnlich-schwülen Tuberosen[57] einer Dirne, um deren Nerven aufzupeitschen. Wo Achtung anstelle Liebe spricht, wähle Blattpflanzen, von der hausbackenen Aspedistra, der „Schusterpalme", bis zur Edelpalme. Für ein Mädchen ist es beleidigend, wenn ein Mann ihr einen Myrtenstock[58] schenkt, das darf nur die verstehende Mutter.
11. Wandschmuck! Jeder liebt, was seinem Wesen entspricht. Der Junggeselle nackte Frauen in verkrampften Lagen, der Fresser einladende Stilleben, der Säufer Säufergesichter, der Geistige verlangt nach Bildern mit vergeistigten Darstellungen. Der innerlich Erwachte will keine bildlichen Darstellungen, ihm genügen Symbole. Der Pendel entscheidet durch Einkreisung oder Trennstriche, wie bei den Blumen, alle anderen Dinge!
12. Meide die Nachbarschaft von Gasanstalten, Schlachthäusern, Abdeckereien, Düngerfabriken, Eisenwerkstätten, Eisenbahnen, Verkehrsstraßen. Da die Ausstrahlungen sich ablagern, nehmen alle Möbel davon auf! Da sie durch Eisenbahnzüge und Autos fortgeschleudert werden, fliegt alles an Strahlung

---

56 Die Stapelie (deutsch: Ordensstern) ist eine Art der südafrikanischen Aasblume. (rs)

57 Der Duft der Tuberosen sei so „narkotisch scharf, dass schwache Naturen ihn nicht ertragen können". So jedenfalls die Meinung zu Beginn des letzten Jahrhunderts (Allendorffs Kulturpraxis der Kalt- und Warmhauspflanzen, 1934). In früheren Zeiten dagegen waren die Pflanzen gerade ihres betäubenden Duftes wegen sehr geschätzt. Die aus Mexiko stammende Tuberose (Polianthes tuberosa) wurde 1629 in Europa eingeführt und fand rasch weite Verbreitung. Bis ins späte 19. Jahrhundert waren Tuberosen und ihre gefüllt blühende Sorte „The Pearl" beliebte Topf- und Schnittblumen. (rs) Zitiert nach: www.manufactum.de/.../1/dmc_mb3_productlist_pi1.5335.num/8/product/758636/Produktdetail.1773.0.html

58 Bei der Hochzeit bedeutete der Myrtenkranz im Haar der Braut, dass diese noch Jungfrau ist. (rs)

durchs Fenster in die Wohnung. Der Sensitive empfindet alles das sehr peinlich, er liebt daher Einsamkeit, Natur und reine Luft.

Die Befolgung dieser 12 Gebote zum behaglichen Wohnen hat ein befriedigendes Dasein zur Folge.

Aus der Pendelpraxis

Aus Briefen

Ich erhalte so viele lehrreiche Briefe, von denen mancher für den Lernenden lehrreich ist. Dieser Brief handelt von der Charakterpendelung. Eine Erweiterung meiner Angaben über Linien einzelner Eigenschaften habe ich nach reiflicher Überlegung unterlassen. Es ist ein Gebiet persönlicher Forschung, wobei die einzelnen persönlichen Veranlagungen von erheblichem Einfluss sind. Viel reizvoller, selbst seine Pendelerfahrungen zu machen, als alle als Gedächtnisstoff einzupauken.

Wenn in dem Brief von meiner satirischen Veranlagung die Rede ist, so bitte ich das durch ein Verkleinerungsglas zu lesen, alle meine Bekannten werden gewiss urteilen, ich wäre ein ganz harmloser Mensch. Höchstens kann sich das Ungeziefer beklagen, in den Belangen einer triebhaften Lebensführung von mir gestört worden zu sein.

Bodenbach, am 27. X. 1929
Haus „Elbe", C.S.R.

Sehr geehrter Herr Glahn, aus Ihrem werten Schreiben, für das ich Ihnen verbindlichst danke, habe ich wieder allerlei gelernt. Vor allen Dingen eingesehen, dass noch kein Meister vom Himmel gefallen ist und dass ich noch weit vom gesteckten Ziel bin. Doch ehe ich's vergesse, möchte ich sagen, dass ich dieser Tage die Erfahrung machte, dass Juden bei mir in der Grundanlage links herum pendeln, dann aber regelrecht. Pendelten sie überhaupt links herum, so könnte man ja gar kein klares Bild gewinnen, denn das Linksherum und Rechtsherum spielt doch eine große Rolle bei den Schwingungsformen.

Nachdem der Pendel bei Ihnen auf „Humor" nicht sehr schwang, stattdessen aber links herum auf Pessimismus ging, so sagte ich mir als „Lehrling": Aha, nicht viel Humor, aber statt dessen „Pessimismus". Nun ist das aber *ganz, ganz* anders. Nachdem Sie mir schreiben, dass Sie Satiriker sind, so verlangte ich vom Pendel „satirisch", danach verlangte ich „sarkastisch". Ich verlangte diese Schwingungsformen unter Konzentration über einer selbstgemachten Pendelscheibe und da zeigte es sich also, dass satirisch zuerst eine Serie „Humor" schwingt und dann auf die Schwingung „Optimismus" übergeht. Bei „sarkastisch" schwingt es zuerst auch eine Serie „Humor", um dann die Schwingung „Pessimismus" zu geben. Es ist also eine kombinierte Schwingungsform, die leicht zu behalten ist. Daran an-

schließend habe ich nun gleich auch noch gelernt: „drastisch“ und „mokant[59]“ und ich bin bass erstaunt, dass das Pendel stets, ohne sich lange zu besinnen, eine neue Schwingungsform gibt und ich staune, wo es, ohne sich zu besinnen, nur die Fantasie hernimmt, weil *jede* Schwingungsform, die es gibt, bis jetzt eine andere war. Mein Gott, wie dicht liegen z. B. „despotisch“ und „selbstlos“ zusammen. Das heißt, von Selbstlosigkeit hat es mir bis jetzt erst ein einziges Mal erzählt.
Ich verlangte nun: „Technisches Können“! Und schauen Sie, es schwang eine Form, die ich über Ihrer Schrift hatte, aber die Erklärung nicht dazu wusste. Ich nahm also zwei andere Schrifttypen vor. Eine von einem befreundeten Ingenieur und eine von einem ehemals aktiven Offizier eines Technischen Regiments, der als überaus tüchtig galt. Über beiden Handschriften schwang diese Form und nun hielt ich das Pendel wieder über Ihre Unterschriften und verlangte also: „Technische Intelligenz“ und das Pendel gab die Schwingung, für die ich vorher keine Erklärung hatte, die gleiche, die also über den beiden Briefen der vorerwähnten Herren schwang. Also wieder ein Stückchen vorwärts. Ich habe auch erkannt, dass das Pendel z. B. bei kalten Händen zu stärkerem Schwingen sehr wenig geneigt ist. *Wie* vielerlei muss man beachten, um nicht zu Trugschlüssen zu kommen. Wenn ich mich also mit kalten Händen hinsetze und das Pendel beginnt mit der Grundanlage und geht dann eventuell auf „Verstand“ über, so ist die Schwingung natürlicherweise weniger stark, als wenn das Pendel von einer Haupteigenschaft, die das Pendel sehr in Schwung bringt, wie z. B. bei Ihnen „Interesse für okkulte Wissenschaften“ oder „Sensitivität“, *dann* auf Verstand übergeht. Jetzt beginnt das Pendel auch meistens nach jeder neuen Schwingungsform völlig abzuschwingen, so dass dann ja ersichtlich würde, wenn es sich um eine kombinierte Form handelt. Seit ich viel mit einer Nadel gependelt habe, ist auch das Messingpendel bedeutend ruhiger geworden. Es schwingt über meiner eigenen Handschrift – Gott sei Dank! – keine 400 Kreise mehr, sondern 200 als Grundanlage.
Ich muss nun einmal darauf zurückkommen, dass Sie es entschieden ablehnen, „medial“ veranlagt zu sein. Verzeihen Sie, wenn ich Ihnen sage, dass ich darüber gelächelt habe. Sie denken dabei wohl an ein „Medium“ à la Presber, das unter seinem mehr oder minder schmierigen schwarzen Seidenkleid mehr oder minder welke Rosen und Orangen hervorzaubert. Nein!!!, so ist mein „medial“ veranlagt *nicht* gemeint. Medial veranlagt ist *der*, welcher imstande ist, als Mittler, als Mediator[60] – kraft seiner Sensitivität! – zu fungieren. Das ganze Pendeln *ist medial.*

---

[59] Im Original „moquant“, bedeutet im französischen „spöttisch“. (rs)

[60] Der Mediator *(lateinisch)* bezeichnet den Vermittler in einem Kommunikationsprozess. In der Kommunikationswissenschaft spricht man von einem Mediator als Sonderrolle für einen Kommunikator, wenn er sich auf einen anderen Kommunikator bezieht und dessen Botschaft an den Rezipienten (z. B. in gekürzter und redigierten Fassung) vermittelt. In der Psychologie hat sich daraus die Mediation als selbständige Methodik und Disziplin entwickelt. In der Medizin sieht man Hormone, Komplementfaktoren und Neurotransmitter als

Erklärung der Wirkung des Pendels

Der Menschengeist ist durch das Herabsinken in die Materie, nämlich den Körper, in seiner absoluten Auswirkung gefesselt und gehemmt. Das Werkzeug Gehirn, durch das er seine Wahrnehmungen dem Menschen mitteilen könnte und muss, ist so materiell, dass es ihm nur selten gelingt, und wenn, dann spricht der Mensch von Ahnungen. Nun gibt es aber sensitive, mediale Menschen – und medial heißt nichts anderes, als Lockerung der Materie – die, besonders, wenn es ihnen zum Bewusstsein gekommen ist, dass der Geist in liebevoller Weise stets bemüht ist, sich bemerkbar zu machen, diese Mitteilungen fühlen. In früheren Zeiten ist diese Auffassungsgabe bestimmt höher entwickelt gewesen, aber durch die Kultur herabgedämmt. Der Geist fühlt und deutet die Ausstrahlungen, die Aura von Lebewesen, aber auch Sachen, die mit Lebewesen in Berührung gekommen sind. Denn diese Ausstrahlungen haften unendlich lange Zeit an Briefen, Fotografien, Edelmetall, also Schmuckstücken. Erst der Tote bemüht sich die den Dingen seines Besitzes anhaftenden Strahlen wieder an sich zu ziehen und wieder zu sammeln, wie er auch aus seinem leiblichen, nun entgeisteten Körper alles Geistige nach dem Tode herauszieht, bis die Auflösung dieses Körpers erfolgt. Manchmal versäumt er es aber, dieses restlos zu tun und dann zeigen diese Gegenstände noch ihre Wirkung, das heißt, sie geben vom Leben des Vorbesitzers Kunde. Der Pendel gibt dem Geist nun das Mittel an die Hand, dem Wissenden seine Beobachtungen, die sich auf die Ausstrahlungen, also auf das Wesen der Lebewesen, beziehen, auf mechanischem Wege mitzuteilen. Die Art der Schwingungen sind dabei völlig abhängig vom Wissen des Geistes, so dass z. B. die Schwingungsart, ob männlich oder weiblich, bei den Pendlern verschieden sein kann. Der Gedanke, der die Frage stellt, unterstützt den Geist in seiner Mitteilung. Der Geist ist es also, der die Ausstrahlung wittert und deutet, er lenkt auch die Bewegung des Pendels und überträgt die von ihm, dem Geist, in Schwingungskurven zum sichtbaren Ausdruck gebrachten Ausstrahlungskräfte auf den Pendel. Körper und Arm wie Hand des Pendlers stellen daher nur die elektrisch-magnetische Leitung dar, die im weiteren Verlauf durch den Faden und den Schwingungskörper mit den heftig ausstrahlenden lebendigen Geistschwingungen des Versuchsobjektes die Verbindung herstellen.

Die von Ihnen aufgestellten Schemata zur Feststellung z. B. von Charaktereigenschaften, die gewiss auf Grund einer großen Reihe von Versuchen angelegt worden sind, könnten ebenso gut anders aussehen, da man den Geist ja auf ein be-

---

lassen sich die gleichen Informationen übrigens per Telemetrie auf beliebige Entfernungen hinweg erlangen). Möglich ist dies, da jeder Gegenstand (ebenso wie das Gedächtnis des Menschen) einen Informationsspeicher darstellt, in dem alle Ereignisse seit seiner Entstehung fixiert sind. Aus diesem Grund eignet sich die Psychometrie unter anderem ausgezeichnet zur Geschichtsforschung.
Zitiert nach: http://www.parapsychologie-studium.com/cgi-bin/lexikon/lexitext_de. (rs)

stimmtes selbst gewähltes Schema erziehen kann. Sie geben aber ein brauchbares Vorbild.
Aus vorstehenden Ausführungen ergibt sich, dass der Pendel als Mittler auch ausgeschaltet werden kann. Der Finger, also eine viel nähere mechanische Verbindung, genügt. Da er nicht schwingen kann, wird er waagerechte oder senkrechte Striche ziehen oder gar nicht ins Schreiben kommen, und damit wären wir beim medialen Schreiben angelangt.
Dass das mediale Schreiben die Ergebnisse des Pendelns weit übertrifft, ist klar. Denn einmal kann es viel ausführlichere und prägnantere Auskünfte geben, und zum andern kann diese Kunst in Gegenwart einer Versuchsperson ohne deren Wissen und Sehen blitzschnell unterm Tisch, mit der Hand in der Tasche, oder auch in der Luft vorgenommen werden.
Man ist also stets in der glücklichen Lage, über Charakter, Sinnesart und Wollen seines Gegenübers orientiert zu sein. Trotzdem benutze ich auch den Pendel gern, um meine Erkundungen zu vergleichen und bekräftigen zu können.
Sie haben in einem Ihrer Bücher über das sehr interessante, aber gefährliche Gebiet der Imprägnierung eines Mädchens durch einen Verführer gesprochen. Meine Versuche geben Ihnen recht. Da es nun aber mal so zu sein scheint, dass die seelische Einwirkung für immer haften bleibt, ja sogar die spätere Nachkommenschaft, auch wenn sie ehelich ist, beeinflusst, so bin ich der Meinung, dass dieses höchst wichtige Problem nicht unter den Tisch fallen darf. Es muss unserer Jugend, wie prekär das Thema auch ist, bekannt werden. Denn das Erzieherische dieser Wissenschaft ist nicht zu verkennen, zumal in unserer heutigen Zeit, wo auf die Reinheit der Ehe, der Nachkommenschaft, der größte Wert gelegt wird.
Seien Sie noch mehr wie jetzt der Vorkämpfer dieser Idee, dieses Wissens! Ich habe leider aus den Berichten des Psychologen-Kongresses in Leipzig nichts davon ersehen können.
Dass eine solche Imprägnierung stattfinden muss, ist ja übrigens nach unseren Erfahrungen und unserem Wissen von den seelischen Ausstrahlungen gut zu verstehen. Haften diese Strahlen ja doch selbst an toten Dingen und lassen die Steine reden! Eine totale Veränderung seelischer Art eines verführten Mädchens und damit eine Verpflanzung ihrer Seelenkräfte auf spätere Kinder muss jedem Denkenden auf der Hand liegen. Das Seelische ist aber leider noch so wenig erforscht und findet noch überall Widerspruch, so dass wohl noch viele Jahre der Forschung und der Überredung notwendig sein werden, bis es unseren Wissenschaftlern einigermaßen dämmert. Das Problem der Strahlungen, das Erkennen, was sie unseren Gelehrten geben könnten, wird einst die ganze Wissenschaft umstürzen. Einst werden sie sich aus den Schädeln der Steinzeitmenschen deren ganze Lebensgeschichte erzählen lassen können oder sich aus dem Grab eines römischen Kriegers über die Taten Cäsars unterrichten!
Mit freundlichem Gruße

W. Guenther, Major a. D., Wiesbaden

über den Zustand des Kindes unterrichtet zu sein und dieses seiner Anlage nach zu behandeln. Man kann manches Kind aus dem Allgemeinen ausscheiden und individuell behandeln. Bei erblich belasteten Kindern ist jede Härte zu verwerfen. Solche Kinder werden durch strenges Anfahren nicht gebessert. Möglich aber ist es, dass, wenn sie freundlich, liebevoll behandelt werden, doch ein Fünkchen ins Stroh fällt und ein kleines Feuerchen entzündet. Allgemein sieht man sie als „Mitläufer" an, schenkt ihnen, hoffend, ruhig-freundliche Behandlung, beobachtet sie, um an ihnen zu lernen.

In Hinsicht auf die Kinder halte ich es für notwendig, dass die betreffende Lehrkraft sich nach und nach das Pendelzeichen eines jeden Schülers, einer jeden Schülerin, die er zu unterrichten hat, in gesundem Zustand aufgenommen, besorgt, um eine Veränderung in gesundheitlicher Hinsicht zu jeder Zeit feststellen zu können. Die Kinder brauchen von der Bependelung nichts zu wissen. Dass dies möglich, dazu hilft uns die „Verladung". Es ist dies eine in mancher Hinsicht hochwichtige Erfahrung resp. Erscheinung.

Was ist Verladung?

Sie geht auf folgende Art vor sich: Ist Freiviertelstunde und die Kinder gehen hinaus, rufe ich ein Kind. Eine Unterlage reines, unbedrucktes Papier ist zur Hand. „Bitte, leg' doch einmal deine rechte Hand auf dies Papier und halte es fest." Nach einigen Minuten hat die „Verladung" der P-Strahlen, das Od des Kindes, stattgefunden. „Ich danke dir, nun lauf'!"

Nun halte ich den Pendel über die Stelle, auf der des Kindes Hand lag und sofort setzt sich der Pendel in Bewegung und zeigt mir den Zustand des Kindes. Ich notiere nun, was ich wissen wollte und richte mich, falls erforderlich, danach.

Bemerken möchte ich noch, dass man den Pendel – je länger man damit arbeitet, desto sicherer ist er –, nicht in fremde Hände gibt. Er hat seine Mucken, zeigt sich manchmal dann ärgerlich darüber, dass man ihn fortgab und foppt den Pendler. Mein Pendel und alle, die ich herstelle, bestehen aus einem Glasröhrchen, einer Stahlnadel und einem seidenen Faden. Ich habe meinen Pendel stets bei mir, sorgsam in einem Röhrchen verpackt und mit Watte zugestöpselt. Nach jeder Arbeit streife ich den Pendel mit den Fingern ab, da öfters Voreinflüsse auf andere folgende Pendelungen einwirken.

Gut und anregend ist es, wenn Pendler mit Gleichgestimmten in Verbindung stehen, Beobachtungen austauschen und Nachprüfungen gegenseitig vornehmen. Wir müssen in der Pendelei immer weiter vorwärts schreiten, wir müssen Aufsteigen zur Erkenntnis der Kraft. Der Pendel gibt unzählige Verschiedenheiten durch Kreise, Ellipsen, Striche, Wiederholungen, Ruhepause, beigefügte Zahlen; durch Links- oder Rechtsdrehungen, durch Striche von oben oder unten, von links oder rechts an. Ich würde es für richtig halten, wenn in den Lehrerseminaren auf den Pendel hingewiesen, mit ihm gearbeitet würde.

Es arbeiten zurzeit so viele hervorragende Männer am Werk, dem siderischen Pendel seinen Platz zu erobern, dass es uns kleinen Leuten zur Ehre gereicht, wenn wir nach Kräften Mitarbeit leisten. In meiner Pendelliteratur weiterfahrend: Über Gebeinen – und seien sie prähistorisch, Millionen Jahre alt – gibt der Pendel noch heute das Geschlecht an. Auch in der Reproduktion. Über Rekonstruktionen steht er still. Er zeigt über einem Bild, auf dem ein Mann und eine Frau beisammen stehen, an, ob es ein Ehepaar ist oder nicht.
Mir liegt ein Bild vor, das ein Künstlerehepaar darstellt. Über dem Mann gibt mir der Pendel an: Gesund, mit 28 Jahren verehelicht, bei der Aufnahme 53 Jahre alt, Schauspieler. Bei der Frau: mit 24 Jahren verheiratet, bei der Aufnahme 49 Jahre alt, Schauspielerin. Ob ein Stoff aus Seide, Wolle, Baumwolle oder gemischt ist, gibt der Pendel an. Über einer Messerspitze voll reinem Kaffeepulver sagt der Pendel, ob er tatsächlich unvermischt ist oder nicht, ob er aus Bohnenkaffee, Zucker, Gerste, Weizen, Lupinen etc. zusammenkomponiert ist oder nicht. Über der Bodenprobe, ebenso wie über der von diesem Boden gezeitigten Frucht gibt der Pendel an, ob das Land mit Kunstdünger und mit welchem angereichert worden, oder welche Nährstoffe er enthält, oder welche er benötigt.
Immer aber muss man die Kurven genau zählen und darauf achten, ob sie links- oder rechtsgedreht sind, ob Stillstand und wie lange dazwischen ist, wie oft wiederholt.

Je fleißiger man pendelt, je mehr findet sich, und je mehr sich findet, desto mehr findet man.

Ich bependle alles, was mir in die Hände kommt, und wenn es nur Erde oder Stein ist. Dann beginnt dieselbe Wanderung des Pendels. Mehr Kräfte vermag das Körnchen nicht aufzubringen.
Habe ich Tausende oder Millionen dieser Samenkörnchen, sie vermögen auch nicht mehr Pendelbewegungen hervorzurufen, wie das einzelne. Die Wirkung der Einheit auf den Pendel ist also dieselbe, wie die der Masse.
Im Winzigsten finden wir die Wunder Gottes, auch in bezug auf Kräfteentfaltung, ebenso enthalten wie im Riesen.
Das Mikroskop enthüllt uns die sichtbar zu machenden Wunder des Mikrokosmos, der Pendel entschleiert die Wunder der unsichtbar waltenden Kräfte im Mikrokosmos.
Es sollte mich freuen, wenn durch vorstehende Abhandlung ein recht reges Interesse für den Pendel und auf dem Wege zur Klärung man in Bälde bis zu dieser vorschritte.

Z. Zt. Weimar, 17. Mai 1924

Herrn
George Porges
Nomine F. A. Louvier Faustforschung

Hamburg, Oberstr. 95

In Ihrem Auftrag unternahm ich heute im Goethe-Schiller-Archiv in Weimar mittels des Siderischen Pendels die Feststellung der körperlichen und geistigen Eigenschaften des 1832 verstorbenen Denkers und Dichters Johann Wolfgang von Goethe. Der Befund ist niedergelegt in der Tatbestandsaufnahme, die heute unterzeichnet wurde von den Augenzeugen:

1. *George Porges*, Kaufmann, Hamburg
2. *Dr. Paul Schlippe*, Arzt, Frankfurt a. M.
3. *Hermann Schwarz*, Rechtsanwalt, Hamburg
4. Frau *Klara Schwarz*, Hamburg
5. Schriftsteller *Albert Ullrich*, Berlin
6. von mir selbst.

Sie gaben mir dann den Auftrag, vergleichende Pendelversuche vorzunehmen an bestimmten, von Ihnen bezeichneten Stellen, im Goethe'schen Garten seines Landhauses (gelegen an der Straße nach Oberweimar). Es waren dies vier Stellen, nämlich

1. an der östlichen Türschwelle des Hauses beim Estrich,
2. bei den Akazien auf der obersten Terrasse,
3. am Denkmal des guten Glücks, dem Kubus mit Kugel,
4. am Hochaltar, dem steinernen Tisch am Kreuzgang.

Die Aufgabe bestand darin, durch Pendelschwingungen hier ausfindig zu machen, ob die Persönlichkeit Goethes in ihrer Odausstrahlung (psychische Emanation) noch wirksam ist und in welcher Weise.
Das Ergebnis war zur Überraschung der Augenzeugen folgendes:
An den mit 1. und 2. bezeichneten Stellen versagte der Pendel jeglichen Schwingungsanschlag. An den mit 3. und 4. bezeichneten Stellen zeigte hingegen der Pendel lebhafte Ausschläge und zwar genau dieselben, wie vorher im Archiv von mir als charakteristisch für die Person Goethes in Gegenwart der obigen Augenzeugen ermittelt worden sind.
Es steht danach außer Zweifel, dass diese Stellen belebt sind von Goethes Wesenheit, sei es durch dort befindliche

a) persönliche Gebrauchsgegenstände Goethes, oder
b) Schriftstücke von seiner Hand, oder durch
c) zumindest sein geistiges Fluidum infolge langer Bedenkung und Benutzung.

Hierzu ist jedoch folgende Feststellung von Bedeutung:

Vergeblich blieben alle Untersuchungen an den im Gartenhaus selbst befindlichen Gebrauchsgegenständen Goethes. Selbst sein zweifellos authentisches Bettgestell, in dem er oft geschlafen hat, zeigte keinen Ausschlag. Auch der Originalstein mit dem Gedicht an dem Steinplatz der Charlotte von Stein gab keinen Ausschlag. Alle diese Gegenstände waren im Lauf der Zeit bereits entodet. Daher dürfte die unter c) genannte Möglichkeit praktisch außer Betracht bleiben, selbst die unter a) aufgeführten Zweifel Platz einräumen.
Nicht feststellen konnte ich, ob sich die als erfolgreich bependelten Stellen bezeichneten Plätze in der Intensität der Ausstrahlung voneinander unterscheiden, daher auch nicht, ob eine davon den Vorzug hat, als ganz bestimmt zu bezeichnender Ort zu gelten, wo ein Schriftstück von Goethe sich befinden muss. Es ist aber mit aller Wahrscheinlichkeit eine dieser zwei Stellen der Platz, wo sich im Erdreich ein Schriftstück von Goethes Hand befinden wird von der Art, wie es im Faustwerk von Goethe angedeutet wurde und als sein geschriebenes Testament anzusprechen wäre.

gez. *A. Frank Glahn*
Astrologe und Pendelforscher

Die Richtigkeit obiger Angaben bestätigen als Augenzeugen:

gez. *George Porges*
gez. *K. Schwarz*
gez. *Hermann Schwarz*
gez. *Albert Ullrich*
gez. *Dr. Schlippe.*

Tatbestands-Aufnahme

Heute, am 17. Mai 1924, begaben sich die Unterzeichneten:

1. Herr *A. Frank Glahn*, Astrologe, Hagen i, W.,
2. Herr *George Porges*, Kaufmann, Hamburg,
3. Herr *Dr. Paul Schlippe*, Arzt, Frankfurt a. M.,
4. Herr *Hermann Schwarz*, Rechtsanwalt, Hamburg,
5. Frau *Klara Schwarz*, Ehefrau, Hamburg,
6. Herr *Albert Ullrich*, Schriftsteller, Berlin,

in das Goethe-Schiller-Archiv zu Weimar und veranlassten dessen Direktor, Herrn Prof. Dr. Max Hecker, zur Vorlage folgender Goethe-Handschriften:

a) Ganymed,
b) Türmer, Faust II,
c) Klassische Walpurgisnacht, Faust II, 7090–7111,

deren Auspendelung mit Hilfe des siderischen Pendels durch den genannten Herrn *Glahn* vorgenommen wurde, um die persönlichen Eigenschaften des Verfassers Goethe in den diagrammatischen Ausschlägen festzustellen. Die Resultate sind in der angehängten Statistik aufgeführt.

Die Richtigkeit obiger Tatsache bestätigen die bei diesem Vorgang Anwesenden durch eigene Unterschrift.

gez. *A. Frank Glahn*
gez. *George Porges*
gez. *Dr. Schlippe*
gez. *Hermann Schwarz*
gez. *Klara Schwarz*
gez. *Albert Ullrich.*

Statistik-Anlage zur Tatbestands-Aufnahme vom 17. Mai 1924 in *Weimar*.

Resultate des Auspendelns der 3 Goethe'schen Original-Handschriften

Grundanlage: Lebhafte positive Kreise mit sich verstärkenden mentalen Ausweitungen sowie intellektuellen und gemüthaften Überhöhungen lassen auf ein sehr reiches und lebhaftes Geistesleben schließen. Die hohe Zahl der Pendelausschläge weist auf starke Produktionskraft:

	bei a)	bei b)	bei c)
1. Quadrant: Geist	236	333	324
Intellekt	150	84	177
Verstand	31	84	22
Ego (mit starker Dominierung)	144	33	22
2. Quadrant: Psyche			
Humanität	25[70]	23[71]	14
Reines Gemüt	34[71]	30[71]	15
Triebhaftes Gemüt	-	-	-
Vegetatives Leben	16	14	25
3. Quadrant: Unterbewusstsein			
Passive Träumerei	-	-	-
Künstlerisch schaffende Fantasie	150	84	177
Konstruktive Fantasie (Erfindungsgabe)	31	-	22
4. Quadrant: Dämonisches			
Magie (obere)[71]	Neigung	Neigung	-
Zentrum			
Lebenskraft	57	37[72]	39
Kopf und Großhirn	37	23[72]	25[72]
Kleinhirn (Unterkiefer, Hals)	22	12	11
Rechte Lungenspitze und Schulter	13	9	5
Linke Lungenspitze und Schulter	8	6	8
Obere Lungenlappen	6	14	8
Brust und Leber	15	5	7
Herz und Blut	29	10	35
Sonnengeflecht	42[73]	21	12
Eingeweide	20	10	8
Unterleibsorgane	77	12	35[74]

[70] In wiederholtem Wechsel miteinander.

[71] Mit „obere“ ist sicherlich die „Weiße“ Magie im Gegensatz zur niederen, der „Schwarzen“ Magie gemeint. (rs)

[72] Starker Ausschlag.

[73] Sehr starker Ausschlag.

[74] Sinnliche Impulse.

Rechter Oberschenkel	5	7	7
Linker Oberschenkel	4	7	8
Rechtes Knie	9	9	5
Linkes Knie	9	9	7
Rechter Unterschenkel	9	15	7
Linker Unterschenkel	7	10	6
Rechter Fuß	8	6	7
Linker Fuß	7	4	5
Rechter Arm	11	8	17
Linker Arm	13[75]	9	14

Hervortretende Eigenschaften:
Logik stets mit Gemütseinschlag, Fantasie, Formungstalent, sehr starkes Gedächtnis, Neigung zur oberen Magie.
Allgemein angezeigt: Stärkeres Gemüts-, schwächeres Triebleben.

Beurteilung dieser Auspendelung

Die drei Schriftstücke entsprechen drei Altersstufen, I. der Jugend, II. dem gereiften Mann, III. dem Greis.
I. wurde durch eine Glasscheibe abgependelt, dieses könnte die Ziffern der einzelnen Linien beeinflusst haben. Diese Möglichkeit ist aber angesichts der ziemlichen Gleichartigkeit aller Ziffern, soweit das vorschreitende Alter keine Abweichung verständlich macht, nicht sonderlich beachtenswert.
Es fällt zunächst die hohe Bezifferung der Grundanlage auf. Diese deutet auf eine in sich ungemein reiche Persönlichkeit hin. Während das Jugendschriftstück noch die geringste, dennoch schon sehr hohe Zahl der Ausschläge hat, bleiben sich die bei II. und III. gewonnenen Ergebnisse gleich. Das bekundet ein erreichtes Wachstum, welches sich auf gleicher Höhe erhalten hat. Die Kreisfigur wurde von keiner Ellipse, die auf das negative Element deutet, unterbrochen. Das ist insofern bemerkenswert, als das negative Tierkreiszeichen Skorpion Aszendent bei Goethes Geburt war und auch die Sonne, im Zeichen Jungfrau stehend, ebenfalls einen negativen Einfluss übermittelt. Doch habe ich aus Erfahrung festgestellt, dass Gestirne in mittäglicher Kulmination immer positiv wirken und auch Mars, als Regent des Aszendenten, bei einer Taggeburt positiv wirkt. Daher ist das Pendelergebnis eine weitere Bestätigung für meine Theorie. Die Kreise waren nicht von vollendeter Rundung, sie zeigten im steten Wechsel Überhöhungen in drei Richtungen: geradeaus, benannt mentaler Ausschlag – deutet auf einen aufwärts drängenden tätigen Geist, auf eine strebende Persönlichkeit im geistigen Sinn; nach halb links – die intellektuelle Überhöhung, die geistige Kapazität betonend; nach halb rechts – einem geläuterten, bewussten Gemütsleben einen

[75] Schwächerer Ausschlag.

wichtigen Einfluss zuschreibend. Der Wechsel deutet auf Beweglichkeit des Geistes hin.
Noch nie vorher habe ich derartige Riesenziffern festgestellt.
Der Quadrant des geistigen Lebens übertrifft jedoch bei weitem denjenigen des Seelenlebens. Bei diesem fehlt gänzlich der Ausschlag des triebhaften Seelenlebens, anders gesagt: Die animalische Seele ist durch das bewusst geleitete reine Gemüt ersetzt. Die starke Einwirkung des Intellektes auf das Seelenleben spricht sich in häufigem Wechsel zwischen dem vom Gefühl und dem vom Geist geleiteten Gemütskurven aus. Fast gleiche Ziffern deuten auf durch Erkenntnis gewonnene humanitäre Denkart hin. Sind auch die Pendelzahlen des psychischen Komplexes niedriger als die des geistigen, so zeichnen sie sich jedoch durch kräftige Impulse aus. Immerhin: Der Intellekt ist im starken Übergewicht.
Wohl zeigen die Ausschläge der intellektuellen Kurve ein starkes Vermögen der Kritik, aber zugleich verbindet sie sich mit derjenigen der Fantasie und des Vermögens künstlerischen Schaffens. Die erste liegt im Wachbewusstsein, die letztere im Unterbewusstsein, sonst in der gleichen Ebene. Die hier erhaltenen Ausschläge waren von ganz enormer Stärke und erregten größtes Erstaunen. Die Verbindung mit der Fantasie, der Einbildungskraft, ist so stark betont, dass eine reine, von allen Seinsgebieten abgetrennte Logik keinen Platz findet, also schwerlich vorhanden gewesen sein kann.
Auch die Linie des werktäglichen praktischen Verstandes tritt hier bescheiden zurück, sie ist vorhanden, aber eher als der im Wachbewusstsein liegende Teil der im Unterbewusstsein wurzelnden Formkraft, der Erfindungsgabe, die in jedem Diagramm betont ist.
Die Linie des vegetativen Lebens kann nicht mit den bisher beurteilten verglichen werden, sie ist mit den Ergebnissen bei anderen Menschen schlechthin zu vergleichen und kann als normal gelten. Erstaunlich ist noch die wachsende Ziffer im Alter, welche nicht auf Abnahme der Kräfte schließen lässt.
Es fehlt völlig der Ausschlag für zweckloses passives Träumen, das ungeleitete Spiel der Fantasie, wie es bei schaffensunfähigen schwachen Menschen überwiegt.
Der Ausschlag für das Gedächtnis ist übernormal, bedeutend. Der Gegensatz zur bewussten Persönlichkeit ist als Besessenheit zu bezeichnen, worunter auch der Zwang, unter den Ausdruckswillen anderer Wesenheiten, seien sie irdischer oder „jenseitiger“ Natur einbegriffen ist. Für diese ist keine Andeutung gegeben; die Kurve fehlt. Ebenso zeigt der Pendel keinen Ausschlag in jenem Quadranten, der für Gefühlshärte, Rohheit, Grausamkeit, Hass, Angriffslust, ferner für starke natürliche oder widernatürliche Sinnlichkeit maßgeblich ist: Diese Eigenschaften sind auch nicht andeutungsweise vorhanden.
Das verdient besonders betont zu werden: Das sexuelle Triebleben ist gemäßigt normal, bei den meisten Menschen ist es stärker betont! Die Linie des rein vegetativen Sinnentaumels fehlt! Dadurch wird fraglos ein geistig oder seelisch gerich-

tetes Liebesleben bedingt. Die Neigung zu anregenden Mitteln erscheint auf ein Glas Wein beschränkt, wodurch aber die Fantasie befruchtet worden ist.
Die Ziffern der Pendelkurven aller Körperregionen sind ungewöhnlich. Die Lebenskraft ist gut, selbst im hohen Alter noch. Die Kurven des Großhirns sind besonders kräftig mit mentalen Überhöhungen. Die Kurven von Herz und Blut deuten auf zunehmende Verkalkung. Die rechte Körperseite erscheint kräftiger als die linke.
Die Ausschläge des Solarplexus sind stark und zahlreich. Man sucht hierin das Organ für geistiges Leben.

z. Zt. *Weimar*, 18. Mai 1924
gez. *A. Frank Glahn*
Astrologe und Pendelforscher
Hagen i. W.

Studienbilder und deren Erläuterungen

Abb. 1 *(links oben):* Berufsringer Cyclone Reß, geb. 19. 9. 1891 bei Würzburg, hat Sonne, Saturn, Mars, Venus, Merkur im Zeichen Jungfrau. Keine Gedankenformen über dem Kopf. Über dem Leib (Verdauungsorgane unterstehen dem Zeichen Jungfrau) dreht der Pendel links herum.

Abb. 2 *(rechts oben):* Die verstorbene Hellseherin El. *Speetzen-Kampmann*. Die mediale Gedankenform beachten. Dieselbe Ellipse über der Stirn.

Abb. 3: Diese freundliche junge Dame, die in Wirklichkeit durch strahlende frische Gesundheit, feinblondes Haar und schöne blaue Augen noch einnehmender ist, hat Uranus und Saturn, beide rückläufig, im I. Feld, Venus und Neptun im VII. Feld, Mars im Zeichen Jungfrau am Meridian im IX. Haus. Aszendent: Skorpion. Zu beachten: Das rechte Auge pendelt wegen Uranus-Saturn anders als das linke, das dem VII. Feld entspricht. Mars am Meridian stärkt die Persönlichkeit, weshalb die Linie des Ich (senkrecht!) besonders kräftig und zahlreich schlägt. Über dem Nabel wegen Mars im Zeichen Jungfrau Linksdrehung. Saturn im I. und VII. Feld gibt Neigung zu älteren Personen des anderen Geschlechts, diese Dame heiratete einen Herrn, der 30 Jahre älter ist.

Abb. 4: Dieses Bild ist besonders bemerkenswert. Die Dame hat Neptun im Zeichen Zwillinge auf dem Aszendent, Mars im Zeichen Schütze im VII. Haus. Die Augen zeigen in seltener Klarheit den eigenartigen Ausdruck von Neptun. Mars in VII. leitet den Pendel links herum, Neptun verlangt jedoch Rechtsdrehung, folglich findet ein Kampf zwischen den Richtungen statt. Im V. Haus stehen ☉ im ♌, ☾ ♄ ☿ im ♍. Über dem Solarplexus daher Einschrumpfung der Pendelbahnen. Die astrologische Deutung dieser 3fachen Konjunktion im ♍ wird deutlich bestätigt.

Abb. 5: Die Altenburgerin in ihrem Konfirmationskleid ist seit Jahren bettlägerig, sie ist vielleicht am meisten seelisch krank, die Leute meinen: Besessenheit.
Das finde ich gerade nicht, nur verneint der Pendel den normalen Zustand. Ich finde den Pendel ziehend: die Frau entzieht als Odvampir ihren Pflegepersonen deren eigene Kraft!

Abb. 6 (links) –7 (rechts): Diese Frau als Kind und Mädchen zeigt Querstrich über der Stirn. Wurde stark hysterisch und mit 45 Jahren geisteskrank. Erblich belastet. Vater Syphilitiker. Mars im X. Haus am Meridian bringt egozentrische Anlage, daher energischer senkrechter Strich – Ego. Haare des Kindes zeigten noch nach Jahrzehnten denselben Querstrich. Aszendent Krebs.

Abb. 8: Vollmondgeburt. Mond am Aufgang. Sonne am Untergang. Aszendent Löwe. Die astrologische Wirkung des Vollmondes auf das Gesicht ist deutlich erkennbar. Sonne wie Mond wirken rechtsdrehend, weshalb über beiden Augen der Pendel der Bewegung des Uhrzeigers folgt.

Eine Dame mit Sonne und Mars im Zeichen Fische am Aufgang zeigt Rechtspendelung, hier vermag demnach die Sonne Mars in der Wirkung zu übertreffen, was ihr im VII. Haus nicht gelingt.

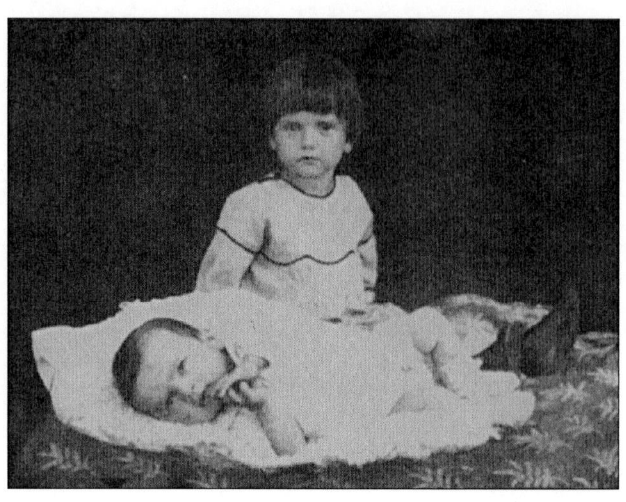

Abb. 9: Die Mars-Geschwister. Das Bild der beiden Kinder ist sehr fesselnd. Der Junge hat Mars im selben Grad im VII. Haus, wie das Mädchen Aszendent mit Mars. Der Junge pendelt über der Nasenwurzel sofort links, über dem rechten Auge rechts, dem linken links.
Das Mädel pendelt rechts herum, jedoch über dem rechten Auge links und dem linken rechts. Die Geschwister stoßen sich ab, schon auf dem Bild fehlt jede zuneigende Haltung.
Mars ist in beiden Fällen aus der Vaterseite her vererbt. Das Mädel ist mit 3 Jahren noch wissend von der Vorzeit! In einer früheren Inkarnation hat sie ihren Papa mit der Rute gezüchtigt und, weil unartig, in die Ecke gestellt. Sie spricht von ihrer damaligen Hochzeit, von einer lebenden sehr dicken Tante, die damals ganz schlank gewesen wäre. Alles mit der größten Selbstverständlichkeit. Die Horoskope der Kinder und Eltern sind im 10. Heft des Jahrgangs 1930 der Astralen Warte veröffentlicht.

Abb. 10: Max Moecke hat seine Fähigkeit sachgemäß gesteigert. Daher finden wir eine neue Pendellinie bei ihm, die ich bei den andern Hellsehern nicht gefunden habe. Unter der liegenden Ellipse, die um die waagerechte Linie geht, bildet sich eine Kreisbahn um die senkrechte Linie. Diese gibt Auskunft über das Unterbewusstsein. Bei Personen mit einer im Wachbewusstsein liegenden Veranlagung ist der Ausschlag nach unten schwach oder gar fehlend, dann ist auch das Gedächtnis schwach. Wenn bei Moecke hier eine zähe Kreislinie pendelt, so ergibt das ein Sonderleben – der Kreis bekundet immer Leben –, das stark im Unterbewusstsein tätig ist. Ich beurteile diese als Anzeichen der bewussten Ausbildung der vorhandenen angeborenen Anlage.
Meine Warnung vor okkulten Schulungen betrifft natürlich nicht die Ausbildung der angeborenen Veranlagung, sondern die Absicht der Erzwingung ohne diese.

Abb. 11: Der Sohn

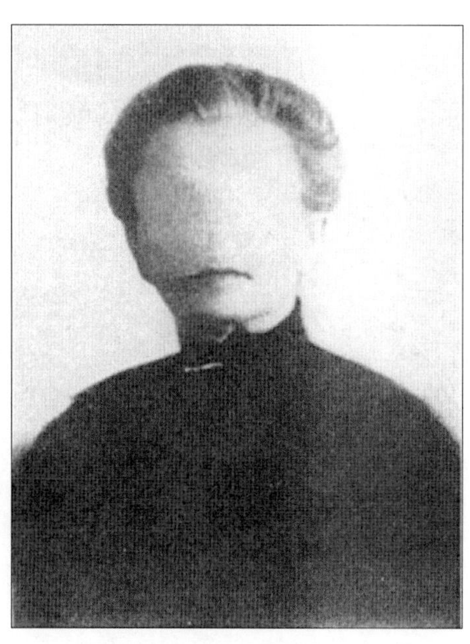

***Abb. 12**:* Die Mutter

Notiz: **Bei einigen Bildern sind die Gesichter zwecks Unkenntlichmachen verdeckt. Allerdings hat das die Pendelkraft vermindert.**

***Abb. 13 (rechts)* und *14 (links)*:** Die Kunstfotografin

Abb. 15: Meine Hellseherin

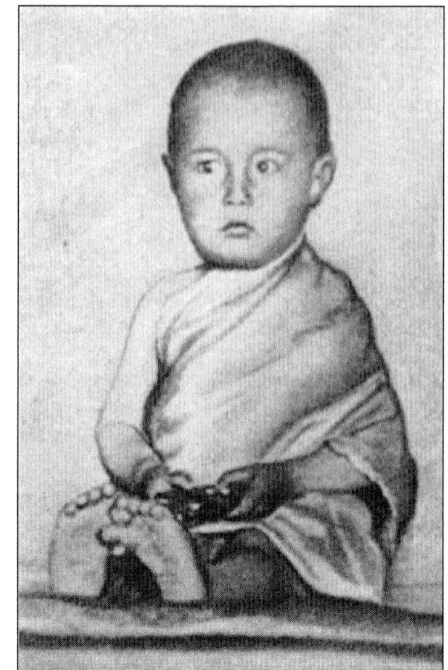

Abb. 16: Buddha Inkarnation

A. Frank Glahn
Pendel-Praxis

A. Frank Glahn
Pendel-Praxis

A. Frank Glahn
Pendel-Praxis

A. Frank Glahn
Pendel-Praxis

A. Frank Glahn
Pendel-Praxis

A. Frank Glahn
Pendel-Praxis

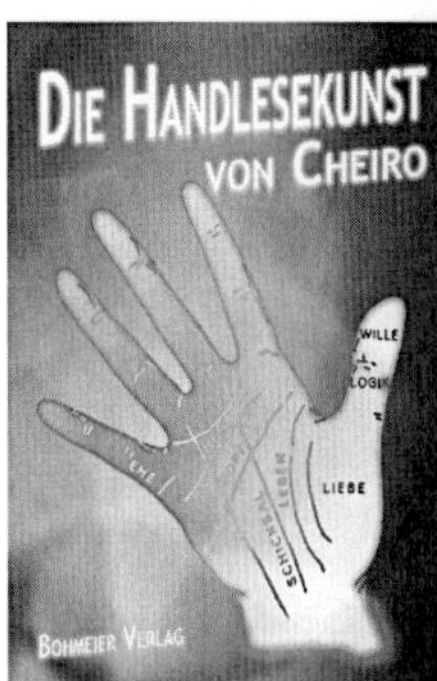
Die Handlesekunst
von Cheiro
Bohmeier Verlag

High werden ohne Drogen
Ein Bewusstseinserweiterndes Handbuch
von Frederick E. Dodson

Krafttiere
Die unsichtbaren Begleiter
von Tanja Schröder
Bohmeier Verlag

Das Geheimnis der Dualseelen,
Seelengefährten und Seelengeschwister
von Sandra Ruzischka
Bohmeier Verlag

Des Teufels Apokryphen
Zu jeder Geschichte gibt es zwei Seiten
von John A. De Vito
Bohmeier Verlag

Sternentore
Die rätselhafte sechste Dimension

Die Entsäuerung des Körpers
in 10 Schritten
Der ultimative Jungbrunnen und Schlankmacher!
Das Säure-Basen-Gleichgewicht
Anleitung zur Ausschwemmung krankmachender Säure
Bohmeier Verlag
von Patrizia Pfister

Die geheimen Botschaften,
Manuskripte und Schätze der Templer
in RENNES - LE - CHATEAU
Die Auflösung des kosmischen Geheimnisses
das bisher nur Eingeweihten vorbehalten war
von Monika Hauf

Das Buch der
Werwölfe
von Sabine Baring-Gould
Bohmeier Verlag

Küchenmagie
von Sor. Conata
Bohmeier Verlag